U0146707

猴 面 包 树

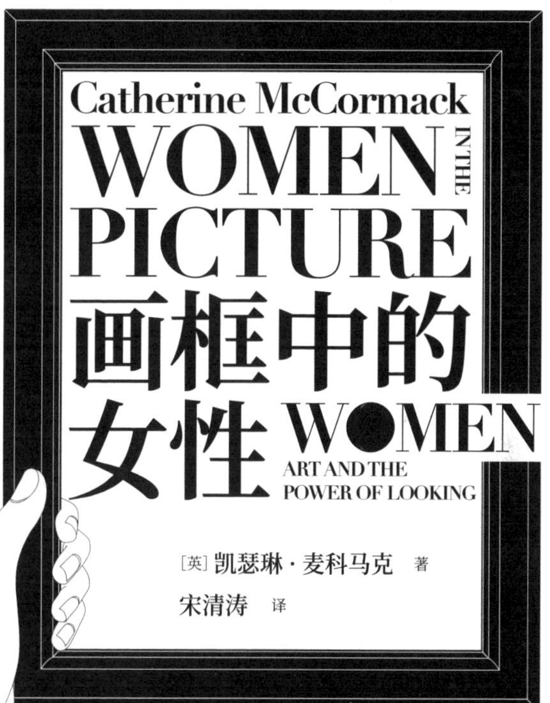

[英] 凯瑟琳·麦科马克 著
宋清涛 译

中央编译出版社
CCTP Central Compilation & Translation Press

致

●

我心爱的S&D，

希望他们能看清这个世界。

还有巴尼，

多年前那幅蜘蛛图。

目录

Contents

Preface

前言

乍看之下，美术馆里的这三幅展画并没有什么稀奇，它们静静地悬挂在那里，向观众讲述一个完整的故事。展画的中心位置静立着一位长发女子，在她的周围站着许多身穿紧身裤的男士，他们似乎正在滔滔不绝地谈论着什么。几条大狗皮毛粗糙，眼神迷离，正对着小狗狂吠。而另一幅展画中，一只神情沮丧的小棕熊被牢牢地拴在身旁华丽的建筑上。画中的长发女子身无寸缕，就连旁边的小狗也垂下双耳，看向她的眼神中充满了怜悯，似乎也在为她羞愧不已。

我是一名艺术史学家和教育家，打算在产下第二个孩子后尽快回归到工作中去。此时，我正站在伦敦国家美术馆的塞恩斯伯里展厅，任由嗷嗷待哺的孩子在我的背上蹬踹，欣赏着这些再度被展出的文艺复兴时期的艺术杰作。它们就像时光旅行者一样，从黑暗无声的储藏室走到我们面前。一直以来我都期盼着能有机会到这里大饱眼福，毕竟美术馆里的展品并非一成不变的：这些昔日的画作被不断地重组、排布，通过各种方式彼此交流，并向观众讲述它们的故事。

这几幅展画里的长发女子肯定也有自己的故事。因为就在我细细观摩时，一个男人走到我的身侧。“我可不会深究它的象征意义，”他的言语带着警示意味，“它所提倡的观念现在已经过时了。”他看起来既专横又语重心长。“哦？”我紧张地笑了一下，被这不请自来的点评吓了一跳。他实在是离我太近了，声音几乎贴着我的耳朵。“可是这种象征意义正是我最感兴趣的。我是一名艺术史讲师，正在为女性主义艺术史和绘画作品中的女性形象备课。”

然而，这个男人丝毫不在意我的解释。在他的眼中，我不

过是一个带着孩子的中年女人，既不像年轻人那样傲慢冷漠，也没有老练到毫无倾听的耐心。可能他觉得我就是个没什么见识的母亲吧。我很想摆脱他，但我更想看画展，毕竟我的时间宝贵。因此我不得不和这个乐于卖弄的男人待在同一个展厅，欣赏同一幅作品，还得忍受他那喋喋不休的解说。

15世纪晚期，这幅画曾被意大利的一户人家收藏，它讲述了一个荒诞离奇的故事：一位名叫瓜尔蒂耶里的意大利侯爵一直无意步入婚姻，但是为了拥有继承人，他开始给自己寻找妻子。最终，他发现了一位名叫格里塞尔达的农家姑娘，这位姑娘既贤惠又温顺。尽管格里塞尔达的美德家喻户晓，但为了

《格里塞尔达故事》作者，《格里塞尔达故事，第一部：结婚》（*The Story of Griselda, Part I: Marriage*）局部图，约创作于1494年。© 伦敦国家美术馆

确保她绝对顺从和忠贞，瓜尔蒂耶里还是对她进行了一系列残酷的测试（一些中世纪文学称之为“试妻测试”）。他先是剥去格里塞尔达的衣服，让她赤身裸体地暴露在众人怜悯或贪婪的目光之下，还把这种羞辱冠冕堂皇地说成是为了重塑她，好让她穿上华美的服饰，开启新的贵族生活。格里塞尔达对此安之若命，因此顺利通过了第一道考验，成了他的妻子。在他们的第一个女儿出生后，瓜尔蒂耶里毫无缘由地下令要处死这个孩子。不久后，格里塞尔达又产下一个男孩，瓜尔蒂耶里同样命人带出去处死，但这一次格里塞尔达设法将孩子偷偷送给了其他人家。之后，瓜尔蒂耶里解除了婚约，收回了曾经赋予格里塞尔

达的一切身份和地位，并再一次剥光了她的衣服，将她逐出家门。许多年后，瓜尔蒂耶里又召她回来，让她作为仆从为他的新婚妻子准备一场宴会。格里塞尔达欣然同意，温良贤淑一如从前。故事的最后，真相揭晓，这场新婚原来是一场骗局——“新娘”其实是他们失散多年的女儿。格里塞尔达以她的忠贞和顺从又一次通过了考验，最终赢得了贵族家庭中妻子和母亲的身份。

我耐着性子听着这些乏味的“男式说教”[①]，内心感到疲惫不堪，这真是一个彻头彻尾的“厌女症”的故事。要是把这个故事讲给我的女学生们听，她们一定也会觉得异常滑稽和可笑，然后我们会一起对画像里和现实中那些男性粗鲁荒谬的做派进行一番批判和嘲笑。想到这些，我不禁在心里暗笑。可与此同时，我心里也很清楚，这件事其实一点也不好笑，我们之所以对它冷嘲热讽、兴味盎然，对“男人”义愤填膺、嗤之以鼻，说到底都只不过是想要对生活抱有一丝希望罢了。这种事情太常见了，就像自然规律一样不可避免，正如所有15世纪的新娘都避不开这幅画所传达的婚姻观：以夫为纲，唯夫是从。只有忍受虐待，最终才能获得幸福的婚姻和母亲的身份。在最后一幅展画中，瓜尔蒂耶里拥吻着格里塞尔达，可格里塞尔达却目光呆滞，一味机械地、略带惊恐地依从着她的丈夫，就好像是一个文艺复兴时期的“斯特福德式妻子”[②]。

---

① “男式说教”指的是男人认为女人普遍缺乏一些常识，于是用一种居高临下和莫名自信的态度向女人解释后者本来就懂的事情。——译者注

② 斯特福德式妻子指缺乏独立性、遵守社会既定准则、顺从丈夫的女人。——译者注

伦敦国家美术馆里收藏了2300多幅画作，除了这三幅展画组成的《格里塞尔达的故事》(*The Story of Griselda*)，还不乏一些举世闻名的艺术杰作，比如梵·高所绘的花瓶里枯萎的向日葵，修拉笔下的阿涅尔，还有达·芬奇的《岩间圣母》(*Virgin of the Rocks*)。在过去的20年里，我深受这些艺术巨匠的启迪，从皮耶罗·德拉·弗朗西斯卡在《基督的洗礼》(*Baptism of Christ*)中对云朵倒影在溪流中的精巧刻画，到德加在《梳发》(*La Coiffure*)中对色调的大胆运用——背景呈现骇人的鲜红色；从波提切利在《维纳斯与战神》(*Venus and Mars*)中用熟睡的马尔斯来调侃男人在性爱后酣然入睡的现象，到安东尼奥·达·梅西那对圣哲罗姆书房窗外的鸟儿细致入微的观察与勾勒，这些精妙绝伦的艺术细节总能让我心情愉悦。然而，其中还有一些作品让我无法视若无睹、泰然处之。《格里塞尔达的故事》带给我的余怒尚未消散，我又在展厅的角落处看到一幅画，画中一个喉咙被刺穿的女子倒在地上，鲜血从她的颈部渗出。她的小臂上也有一道很深的伤口，手腕已经变得僵直，高耸圆润的胸部和微微隆起的腹部暴露无遗。一个半羊人和一条獒犬蹲在她的身侧，茫然地看着这个奄奄一息的女子。作者皮耶罗·迪·科西莫以平静清澈的蔚蓝色调作为背景，冲淡了整个画面的恐怖感。

这幅画作并未注明创作日期，标题也起得很随意：《为仙女哀悼的半羊人》(*A Satyr Mourning*)，但其叙事实际上借鉴了普罗克里斯的神话故事。普罗克里斯怀疑她的丈夫塞弗勒斯不忠，便趁他一次外出打猎时跟踪他来到森林里，躲在灌木丛中监视他。当她听到塞弗勒斯呼唤他心爱的奥拉(Aura，意为微风)“来到他的膝上，缓解他的燥热”时，她不禁气得浑身颤抖。她的丈夫听到灌木丛里传出响动，以为里面藏着什么野兽，于是误将她射杀了。很明显，这是一个关于妻子监视丈夫而导致毙命的警世故事。

在通往美术馆出口的途中，我又看到一幅画，描述的是《圣经》里苏珊娜与长老之间臭名昭著的故事。两个邪恶的长老试图在年轻貌美的苏珊娜洗澡时对其进行猥亵，并威胁她如果不与他们发生性关系，就会恶意指控她通奸。继续往外走，我又经过了女神丽达的肖像，她被化身成天鹅的宙斯侵犯，身体蜷缩成了贝壳的形状。不经意间，我又瞥到一幅名为《卢克丽霞》(*Lucretia*)的女子画像，这位名为李维的历史学家笔下的罗马贵妇，为了不让家族蒙羞，她在被玷污后将匕首刺进自己的胸膛，这些画像都让我感到不寒而栗。

在美术馆柔和的灯光下，这些镶嵌在鎏金相框里的肖像被展厅的隔离绳和安保人员严密地护卫着，不觉中竟让男性的欲望和暴力显得弥足珍贵，成为自然界中不可或缺的一部分。它们似乎都在表达同一个主题：女性要坚守自身的美德，也要容忍男性所有的卑劣行径。对于女性而言，能够像丽达那样为男性所追逐是一种荣耀，但如果像卢克丽霞或苏珊娜那样被其他男性玷污，就有辱男性在父权社会中的尊严，并要为此“罪行”付出代价。

美术馆的墙壁似乎有一股神奇的魔力，能够吸收所有的批评和谴责。而油画具有安抚人心的作用，能够抹去这些故事中的残暴和不公，将它们转化成雅俗共赏的文明和教义。但是我不禁想问，在这些鎏金的相框、恢宏的穹顶、华美的隔离绳和光亮的玻璃板下，还埋藏着哪些不为人知的历史故事呢？

在“审美”的名义下，我们似乎对这些艺术史上的价值观、天才艺术家和艺术成就，天然就抱有一种认同和赞赏的态度，可与此同时，我们又忽略了多少令人不安的事实？它们究竟是通过谁的力量、以谁为代价才来到这里的？

展签里的文字通常是客观的，用以说明作品的创意、成就、风格或价值，以及称颂那些以男性为主的艺术家们的非凡天赋。

虽然国家美术馆里不乏女性肖像，但他们最近才公布的数据显示，在总计2300多幅画作中，只有21幅真正出自女性之手[1]。存在这种差异的收藏机构并不止这一家，性别歧视问题在艺术领域普遍存在，女性艺术家的缺失只是其中之一。2019年，自由之地基金会在有关创意艺术领域性别差异的年度报告中指出，在伦敦顶级商业美术馆中，有68%的艺术家是男性；在当代艺术品拍卖会上竞价最高的作品中，只有3%是女性艺术家的作品。与之相反，在高等教育的艺术和设计创意课程中，却有2/3以上的学生是女性。

在有色人种艺术家的统计数据中，这个问题更为严重。根据黑人艺术家及现代主义的国家艺术收藏品审计的调查，在英国所有的永久性艺术收藏品中，大约只有2000件作品出自黑人艺术家。同样，在美国机构2008年至2018年所收藏的艺术作品中，非裔女性艺术家的作品仅占所有女性艺术家作品总数的3.3%[2]。

女性创作者和艺术家的缺位问题不仅体现在国家收藏的知名艺术作品中，也可以在我们城市的公共空间里感受到。根据英国公共纪念碑和雕塑协会的初步统计，英国各地公共场所的雕塑总共有828座，而女性雕塑只占其中的1/5。这个数据还包括女神雕像和无名的裸体女性雕像（例如寓意性或地标性雕像）在内，也就是说，如果我们只计算真正有名有姓的女性雕塑，那么其数量就会锐减至80座。其中有近一半是皇室成员，还有很多是圣母玛利亚，却没有一个是女政治家。（相比之下，全国各地的公共场所中有名有姓的男性政治家的雕塑有65座。）

女性自古以来就被蒙上了双眼，她们不能进入学校学习，也不能从事任何专业领域的工作，亦无法接触到任何知识和信息——更确切地说，她们无法进入由男性主导的世界，这样她们就不会给男性带来任何威胁和挑战。这种限制意味着女性历来就被剥夺了学者和艺术家的身份。男性的特权让他们不仅几乎完全控制了女性的身份，而且还控制了女性身体形象的呈现方式，我们在绘画、雕塑、医学教材、影视作品和政治漫画所看到的女性形象，未必是女性看待自己的方式。

一些深受大众喜爱的艺术作品就是以限制女性为主题的，比如约翰·威廉·沃特豪斯的《夏洛特小姐》（*The Lady of Shalott*，1888年），这幅画作出于伦敦泰特不列颠博物馆的展览，一直以来都是备受民众青睐的艺术佳作。它的主题取自阿尔弗雷德·丁尼生勋爵1833年的同名诗歌。诗中讲述了一个被诅咒的少女，她不能离开城堡，也不能直视窗外的世界。她每天只能通过镜子里的倒影看到些许卡米洛特城的景色，还必须毫无怨言地在织布机上织出她所看到的一切。直到有一天，她受够了镜子里的虚幻世界，便直接向窗外看去，她看到了路过的骑士兰斯洛特并对之一见倾心。这个举动触发了诅咒，她必须为此付出生命的代价。知道自己在劫难逃，她遂穿起白色衣裙出门登船，顺着宽阔的河流漂向远方。结局正如丁尼生诗中写的“唱到她的双目不能视物，双颊不再红润”。她和被丈夫射杀的普罗克里斯一样，都是在告诫女性，打破禁忌会给自己招来杀身之祸。

人们可以允许女性画一些花草或者风景作为业余爱好，以此来增添自己的女性魅力，却绝不容许她们进入艺术学院接受专业训练。直到20世纪，正规的学术性艺术培训始终以“生活课”或“人体课”的形式，将裸体绘画作为所有艺术的基石。而裸体形象，尤其是男性裸体形象，为各类绘画和雕塑奠定了基础，传递了关于人性、文化、文明以及宗教的崇高理念。这一主题有的被画进了壁画，有的出现在教堂的祭坛和宫殿的屋顶，有的则作为雕塑出现在公共场所。自古希腊时代开始，艺术中的男性裸体就代表着英勇、力量和智慧。随后，白人男性的裸体形象更成为艺术的标志，无论是在古罗马时期的史料记载中，还是在繁盛的欧洲文明时期，它都被视为人类文化和智慧的结晶。

但是，至少在19世纪末以前，人们普遍不能接受让一群女性去端详和解读男性裸体的行为，因此女性几乎完全被专业的艺术培训拒之门外，这种情况在英国甚至持续到了20世纪中期。1768年，安吉丽卡·考夫曼和玛丽·莫泽成功地躲过了学院的各种性别歧视的限制，成为英国皇家艺术学院仅有的两名女性创始人。在约翰·约瑟夫·佐法尼为所有创始成员创作集体肖像时，这两位女性的存在就成了非常棘手的问题。这幅作品名为《皇家学院的院士们》(*The Academicians of the Royal Academy*, 1771年)。画像里，一群院士正虔诚地凝视着一位裸体男模，他们的眼中灵感闪烁，沉醉于对某种神圣之物的赞许。在画面前端的椅子上还坐着另外一位男性模特，他面朝观众，正在悠闲地脱掉长袜，褪去的衣物凌乱地堆放在他的脚下。一个没有四肢的裸女雕塑横放在他的椅子下面，被旁边一位穿绿色夹克衫的男士的手杖刺中。佐法尼的这幅画让我们清楚地认识到，在伟大的艺术创作面前，有些人的形象极其尊贵，而有些人的形象却低贱如尘泥。

当这两位裸体男性出现在画室，就抹除了任何女性出现的可能性，哪怕她们是艺术家或创始人。为了体现自己的大度，佐法尼把安吉丽卡・考夫曼和玛丽・莫泽变成了两幅挂在墙上的画像（在右侧两个黑衣男子的上方），她们变成了画里的肖像，而不是活生生的人。换个角度来说，女性，哪怕是有影响力的艺术家女性，也只能被描绘成别人眼中的形象，而不是自己本身的样子。

在这些18世纪的女性艺术家逝世以后，女性在艺术领域的地位变得岌岌可危，直到1936年才有另一位女性被选为皇家学院的正式成员。可见，对于英国的所有艺术学院来说，1768年至1936年间都没有女性艺术家存在的痕迹。

如果允许女性在画室里观赏男性的裸体，用画笔恣意摆弄他们的身体，这会让男士们感到非常不安。这是一切问题的症结所在。我们往往没有意识到，是否允许女性去观摩这些模特并对其进行艺术创作这样的问题，归根结底，关乎于权利和控制，关乎于谁有权去解读他们的故事，把他们作为艺术创作的对象。同时，它也印证了一个事实，即男性和女性的身体自古以来就是被区别对待的。

直到现在，男性几乎一直独享着创造文化形象的权利，因此他们也能掌控女性形象的创作原型，从恭顺温良的圣母玛利亚到随处可见的性感女神维纳斯，从困境中的羸弱少女到邪恶的女巫，这些原型都对现实中女性的言行举止产生了深远的影响。

这些女性形象也会在本书接下来的章节中出现，我们将研究父权社会是怎样利用这些形象来束缚女性的，以及这些形象如何在我们的当代文化中得以延续，它不但影响了我们的审美和喜好，塑造了女性在国家、政治和两性中的地位，还使我们内心深处产生对人性的恐惧和期盼。毕竟，这些历史原型背后的真实生活和经历远不止艺术作品所呈现出来的内容。生活在发达国家的人，就算没有去过美术馆，也都或多或少地接收着这些女性历史形象所塑造和传递的大众文化，从音乐视频到奶粉广告，再到专辑封面和时尚摄影，所有人都不可避免地被卷入资本主义广告和社交媒体的旋涡之中。有些媒体会明确地提到这些形象，比如碧昂丝和Jay-Z在卢浮宫内拍摄的音乐视频Apeshit，锐步剽窃文艺复兴时期艺术家波提切利的作品形象制作的营销广告等，时尚圈和生活摄影杂志也会模仿这些艺术作品中女性躺卧的姿态或其他温顺的姿势。但更多情况下，这些艺术作品和文化形象是以大众视觉语言的形式，潜移默化地影响着我们的生活。而且，正如我们在国家美术馆的展品中所见，很多作品形象物化了女性，美化了针对她们的暴力。它们带着明显的种族偏见，排斥了种族多样性，并将衰老或异常的身体和性行为妖魔化。

我们还将关注女性艺术家是如何借她们的作品来批判这

些形象，揭露传统文化对女性的恶意和歧视，并帮助我们重新发掘出女性作品的价值，构建她们对娱乐和权利的主权。

这些画作不论出现在哪里，多少都会带着一些或褒或贬的感情色彩，它们可能会带给我们力量，也可能会对我们造成伤害。它们影响着我们对许多事物的理解，包括对自己和他人的看法，对历史、文化、种族和两性的认知等。这种影响力大多是无声而隐秘的，在我们享受闲暇时光，鉴赏这些艺术成就时，悄然传递给我们。

艺术史素有精英主义之名，似乎与普罗大众毫不相干。在流行的艺术史电视节目中，我们看到的那些技艺精湛、品位非凡的艺术鉴赏家，通常都是西装革履的白人男性。但是，艺术史在为精英阶级提供奢侈品鉴赏、美酒品鉴、文化展览、工艺品收藏等机会的同时，也给我们带来了很多东西。它让我们看清了这样一系列事实：女性的日常画像里充斥着对身体的羞辱；文艺复兴时期的绘画开启了强奸的主题；古典怪物美杜莎的画像则体现了白人的种族优越感；当今的论坛博主和黄金时代的荷兰画家一样，都在推崇女性“三从四德”的品行。

我肯定不是第一个提出这些质疑的人。半个世纪以来，女权主义学者一直在呼吁抵制这种贬低女性的文化作品。其中的一些观点也成了热门话题，比如“男性凝视”，这个概念是指大多数绘画、电影、戏剧等文化作品都将男性预设为受众群体，为取悦和满足男性观众的窥视快感而生；还有“性客体化”，指的是在表现人物时，将其身体或性功能从复杂的人性中脱离出来，它们存在的价值仅仅是为了取悦他人和供他人把玩。

40多年前，美国艺术史学家琳达・诺克林发表了一篇题为《为什么没有伟大的女性艺术家？》(Why Have There Been No Great Women Artists?)的论文，如今它依然广受热议。这篇文章探讨了女性艺术家在体制上被排挤的问题，同时也呼吁我们重新审视那些曾经赋予某些艺术品和艺术家(通常是白人男性)的无上荣耀。

从那时起，我们便开展了许多活动来填补艺术收藏品中缺失的女性形象，并重新赋予她们历史荣光。比如，早在1972年伊丽莎白・布朗和安・加布哈特就策划了以“Old Mistresses”(老情妇)为主题的展览，旨在揭示我们在讨论艺术品和艺术家时，语言表达上存在的严重性别偏见。人们会用“大师”一词来称呼达・芬奇、伦勃朗等著名艺术家，表达对他们的成就、价值和艺术境界的尊崇，却没有与之相对应的词语来描述同时期的女性艺术家。而“mistress”带有明显的性别暗示，意思完全不同[3]。

在本书中，我使用了“女艺术家(woman artist)”一词，但我想特别指出其中存在的关键问题：这种性别区分更加强调了艺术家的默认身份是男性，而女性艺术家则是颠覆认知且不合理的存在［就像“女外科医生(Lady surgeon)”或“女法官(Lady Judge)”一样，会削弱女性的职业地位，这两个词现在已经被我们废除了］。当然，你也可以采纳艺术历史学家格里塞尔达・波洛克的建议，将性别标注在后面，称她们为“艺术家-女性(artist-woman)”。

尽管一直以来我们都在通过书籍或展览等方式，努力宣传女性对文化的贡献，但与此同时，我们也要清楚这件事为何如此重要，特别是在绘画艺术领域。自1985年以来，一群被称为“游击队女孩（Guerrilla Girls）”的匿名女性艺术家一直在积极地呼吁我们去关注美术馆等机构展出的作品中存在的性别和种族歧视问题。在1989年的一张宣传海报中，她们清楚地解释了关注这些问题的意义：“如果没有女性艺术家和有色人种艺术家的创作，那么艺术界就会失去半壁江山。”

除了女权主义艺术史学家和艺术家以外，文学评论家约翰·伯格也在他的《观看之道》（*Ways of Seeing*）一书中对此问题进行了批判。这本书于1972年首次出版，目前已畅销一百多万册，一直在加印。伯格在书中首次建立了一套参照标准，帮助我们清楚地看到摄影、广告等日常生活中出现的形象与传统欧洲艺术作品中的形象的紧密联系，从而开启了关于“观看”这个概念本身的启发性讨论。

“游击队女孩”组织，《你看到的还不到一半》（*You're Seeing Less Than Half the Picture*），1989年，泰特，伦敦。©“游击队女孩”网站，guerrillagirls.com.

他那句评价绘画史的经典格言“男人重行为，而女人重外表”，精妙地概括了权利动态的两性划分，即对于女性的刻画只注重外表，至于她们的感受，无人在意。接下来，他还评价了男性凝视对女性现实生活的影响：“女性必须审视自身的状态，谨言慎行，因为她在别人眼中的形象，特别是在男性眼中的形象，往往决定着她人生的成败。”

伯格的观点对学术界产生了一定的影响，但是在主流学术领域，关于如何正确看待女性的话题从未引起关注。普通观众更是对这个话题感到茫然，甚至厌烦，只因为它有很强的专业性和学术性，又过于激进。这也是我希望本书能发挥作用的地方，关于女性、艺术和女性艺术的讨论远没有结束。事实上，人们对女性裸体绘画的激烈争论从未停止过。2017年底，纽约大都会艺术博物馆展出的一幅名为《瑟蕾莎之梦》(*Thérèse Dreaming*)的作品引发了数千人参与请愿活动，请愿者们要求策展人修改其展签上的文字说明。这幅画是1938年由颇受争议的法裔波兰艺术家巴尔蒂斯创作的。他从偷窥者的视角描绘了一个12岁女孩的沉思状态。画中的她微阖双目，将双臂枕在脑后，惬意地沉浸在自己的幻想世界里。巴尔蒂斯的作品大多描绘青春期女孩，他有时甚至让年仅8岁的小女孩做他的画作模特。

在这幅画里，女孩一只脚踩在椅子上，露出里面的衣服。近景中，一只猫正在舔食一碟牛奶。如果我们从美术作品鉴赏的专业角度来分析这幅画，我们可以这样解释：它的轴线自女孩抬起的膝盖开始，穿过髋部的衣服，一直延伸至正下方喝着牛奶的小猫的头部，衣服与牛奶的颜色相呼应。这种布局很明显地向观众暗示了这个女孩的梦境。请愿书并没有直接要求博物馆撤下这幅展品，只是要求他们承认它是一个成年人对孩子不合理的描绘，何况这个成年人本就臭名昭著，他和小说《洛丽塔》(*Lolita*)中弗拉基米尔·纳博科夫笔下的亨伯特·亨伯特一样，是一个对年轻女孩充满欲望的男人。(在巴尔蒂斯的整个艺术生涯中，他始终否认自己有任何色情意图，言下之意就是将所有的暗示都归咎为观众荒谬的臆测。)

这次请愿活动和相关媒体报道引发许多激烈的争论。艺术机构大声疾呼，对性体验的探索是一个完全正当的艺术主题，儿童初期性意识更是人类最真实的状态，尽管会引起观者的不适，但也值得用艺术作品来记录和研究。但问题的关键在于，该由谁来进行这种探索。巴尔蒂斯的绘画并不是在表达女性自身私密的发育过程，而是成年男性对孩童性意识的个人解读。

一些人将这次请愿活动视为对人类欲望残酷的暴力压制，而另一些人则强调，社会一方面对恋童癖行为量刑入罪，另一方面却允许巴尔蒂斯在作品中对其进行含蓄而浪漫的描绘，这种做法非常虚伪，是将年轻女性普遍性化的表现，这种观点在最近爆发的相关运动中尤为彰显。

大都会博物馆拒绝撤下这幅作品，也拒绝修改墙上的注释，不承认它涉及成年人和未成年人间的任何暗示，最后许多自命不凡的作家们也对此事发表评论，嘲讽这些抗议者根本不理解什么才是“真正的艺术”。他们的表达非常隐晦，把请愿的发起人梅里尔轻蔑地称作“一名人力资源经理”，意指她对艺术鉴赏一窍不通，没有资格表达她和其他一万多人对于巴尔蒂斯画作的感受。

几周后，英国曼彻斯特美术馆策展人的做法也引发了一场关于艺术作品的审查制度以及女性身体形象的类似争论。策展人克莱尔·甘纳韦和艺术家索尼娅·博伊斯在与画廊工作人员进行讨论和研究后发现，在对女性的剥削和性化成为公众热议话题的环境下，许多女性对馆内展出的画像的性别表现方式存有异议，尤其是女性往往被描绘成蛇蝎美人或逆来顺受的美女形象。

博伊斯决定在美术馆的墙上开辟一个空间，让参观者对权力和品位等问题各抒己见，进而探讨究竟是谁控制了我们的文化，并决定了它的解读方式。于是，在“追求美丽”的展厅里，约翰·威廉·沃特豪斯的油画《许拉斯与水泽仙女》（1896年）被临时撤下一周，留出一块空间，以供参观者在便利贴上发表评论。这是曼彻斯特美术馆采取的一系列干预措施之一，旨在让人们从更现代的角度来欣赏馆内的艺术藏品。

被取下的这幅作品描绘的是维多利亚时期古典诗歌中的一段奇幻故事。古希腊英雄赫拉克勒斯的英俊伴侣许拉斯被一群长发飘飘、袒胸露乳的水泽仙女引诱，最终溺水而亡。它经典地刻画出维多利亚时代人们所痴迷的性感诱人的“蛇蝎美人”形象。

这一干预措施在媒体上再次引发了人们褒贬不一的讨论，很多人在推特上表达了他们的愤怒。右翼人士在推文中质问：“凭什么一个伪当代‘艺术’策展人有权去干涉像《许拉斯与水泽仙女》这样真正的艺术？”也有人强调画作中的受害者是许拉斯而不是仙女，其他人则疾呼这种审查制度过于危险。在美术馆网站讨论区的众多留言中，有一条写道：“通过这件事来引发讨论是一种十分危险的行为。”

美术馆失去了对舆论的控制，争论在网上愈演愈烈，但是所有人都没有注意到，在这个致力于“追求美丽”的展厅里，只存在一种审美标准——年轻的白种人。几乎所有人都将这项干预措施曲解为一种清教徒式的“审查”行为，但他们在义愤填膺的同时却忽略了这一点。和巴尔蒂斯的《泰雷兹之梦》一样，《许拉斯与水泽仙女》也是从男性视角将女性青春期的美和性描绘为大胆、迷人、物化的形象。更重要的是，沃特豪斯的这幅画作并不是在称颂年轻女性的性感，而是恶意地将其刻画为阴险狠毒的角色。这种观念已经影响了现实生活中人们对年轻女性身体的看法，如果继续听之任之，那么它会比任何审查制度都更危险，至少在我看来如此。

作为一名有色人种女性，艺术家索尼娅·博伊斯对这种白人男性对美和性的片面解读提出疑问是合情合理的，但这却激起了男性对他们神圣不可侵犯的审美观的强烈保护欲。她的干预行为与限制绘画作品中对女性的描绘方式无关，也不单是质疑对青少年性行为的刻画。相反，它让我们意识到艺术形象对我们的生活所产生的深远影响，看到我们是如何激烈地为它们辩护，以及它们是如何塑造了我们的生活的。

大都会博物馆和曼彻斯特美术馆的这两起事件都清楚地表明，艺术收藏品的意义不是静态的，它们会随着现实世界的发展而发生变化。近年来的种族平等运动和第四次女权主义运动浪潮使我们重新审视了身边那些习以为常的事物。我们力排众议，推倒了几十年甚至几个世纪前的纪念殖民主义或帝国主义暴行的雕塑，并在原地竖起新的雕塑；我们取缔了有辱有色人种的广告形象（如杰迈玛阿姨和本大叔）；我们重新审视了那些深受我们喜爱并伴随我们成长的艺术或影视作品，检查其政治正确性，以及所倡导的种族和女性的价值观。艺术博物馆和美术馆不得不重新安排应该展出的作品和相关艺术家，试图弥补在他们曾经当作历史真相展出的艺术作品中，将女性和有色人种排除在外的错误。

大众对这些话题数以万计的回应也证实，我们必须将古典艺术作品从特权认知中解放出来，使其能够与现实的生活经验对话。艺术和文化不能与我们关于性别、种族和象征意义的讨论背道而驰，相反，它们正是其核心所在。

我想恳请大家再重新审视一下这些艺术杰作，从另外一个角度有倾向性地去欣赏它们，思考它们为当代关于女性和女性身体的讨论提供了怎样的启示。

基于以上思考，我们的审视将从神话中代表爱情、美丽和性爱的女神维纳斯开始。一直以来我们都坚信她是所有女性的完美典范，但是从某种意义上来说，她的身体本身就是一个战场，其中上演着关于羞耻、欲望、种族和性爱的各种战争。

第一章

维纳斯

Chapter 1

Venus

伦敦国家美术馆的30号展厅如同一个巨大的珠宝盒。在这个铺设有深红色锦缎的宏伟大厅中，收藏着一系列来自17世纪西班牙的艺术杰作，其中就有一幅裸体画。画中的年轻女子，她斜倚着，背对我们，全身赤裸地躺在床上，凌乱的被褥残留一室风情。丝绸和棉布的涟漪贴合着她的身体曲线。那腰身盈盈一握，臀部光滑白皙，皮肤莹白透亮，既没有瑕疵或瘀伤，也无发丝的遮挡。参观者如潮水般来了又走，放肆地打量着她的身体，面对人们的打量目光，她看起来似乎毫不介怀。旁边一个肚皮浑圆、长着翅膀的小男孩[①]正扶起她面前的镜子，焦黑的镜面里只倒映出女子的面庞，就在我们窥探她身体的时候，她也从镜中回望着我们。她没有笑，也没有愁眉不展，亦无丝毫的害怕或焦虑神色，甚至连惊讶的表情都没有。她只是注视着参观者凝望的双眼，知道事情本该如此。毕竟，她已经在这里待了太久太久。美术馆中的参观者们缓步走过，漫不经心地夸赞她的"美丽"，业余艺术家们纷至沓来，临摹她那优美的曲线。她的周围环绕着那些颇有盛名的男性的画像，他们像士兵一样簇拥着她：一边是大主教，一边是国王。不过很难说清楚，他们究竟是在护佑她，还是想要占有她？

这个女人就是维纳斯——神话中爱与美的女神。但倘若我们说得更直白一点，这不过就是一幅裸体女人的肖像。17世纪40年代末，男性艺术家迭戈·委拉斯凯兹在一位男性主顾的资助下，创作出这幅被他称为"维纳斯女神"的画作，以供其欣赏。这是他的艺术收藏中一件令人艳羡的珍品，他有时一

---

① 这个小男孩就是罗马神话和希腊神话中的小爱神丘比特（Cupid）。——译者注

人驻足赏玩，有时也与上流阶层的其他男性友人一起品鉴。究竟是谁委托他创作了这样一幅作品，具体已无从考证。但是自1651年，也就是这幅画刚刚问世后不久，它就成了卡皮奥侯爵的所有物。它是这位西班牙画家唯一一幅留存于世的裸体画作，也是用来展示富人地位和权力的宝贵遗产。在17世纪西班牙的严苛宗教氛围中，它得以逃脱教会对性爱和奢靡之风的制裁。它可能是这位艺术家在访问意大利时所作，因为当时那里的宗教氛围更为宽松。（在17世纪的西班牙教廷，画家是不允许描绘裸女的，委拉斯凯兹冒着被逐出教会的风险创作了这幅画。）

这幅画原本不叫作《洛克比维纳斯》，之所以如此命名，和它在1906年被伦敦国家美术馆购入之前曾被展出过的地方有关。1813年莫里特买下这幅画，并把它挂在位于达勒姆的洛克比庄园的家中。1820年，在写给朋友沃尔特·斯科特的信中，他详细描述了当这幅画挂在壁炉上方的位置时，那里的光线是如何将维纳斯的臀部渲染得更加迷人，以及女性看到这幅画时是如何不自在[4]。这幅画被归入英国馆藏之前，曾为西班牙总统曼努埃尔·戈多伊所有。它（至少在一定程度上）代表了一大批有权势的男性主宰者一直以来希望看到的宁静无邪的女性形象。但一个多世纪以来，委拉斯凯兹的维纳斯一直是“英国的维纳斯”。它曾公开展出于国家美术馆中，供游客与学子们观摩。成群的参观者跟随向导来到她的面前，或向这位艺术大师的非凡成就致敬，或者受画中人目光的戏弄——维纳斯看到我们在盯着她——而更多的人则为这样一幅裸体女人的画像所教育、启迪和鼓舞。

在美术馆里，女性的裸体再常见不过，有谁会迂腐到去质疑它呢？这幅作品只是伦敦国家美术馆内众多女性裸体画之一。她是古典神话中的标志性女神，代表着爱情、生育能力和美丽，也唤起了人们对古希腊和古罗马文化权威的坚定信仰。维纳斯就是艺术本身，象征着高雅的艺术、古典的文化、不容辩驳的价值，以及不容置喙的传统审美。走进美术馆的纪念品商店，她又出现在最受欢迎的明信片上——文化产业通过明信片来缔造神话。你可以把她的海报带回家，或者背上印有她画像的帆布袋。她可是这里的明星。

作为神话中的女神，维纳斯代表着爱情、性爱、美丽和生育能力，代表着人类特性中所有发人深省和令人愉悦之物。但我不禁想到，作为在这里唯一一个被众多名流男士肖像包围的裸体女性,《洛克比维纳斯》似乎只是一种消遣。

《洛克比维纳斯》身上曾经发生过一起重大事故，如今在伦敦国家美术馆30号展厅里却并不为人所熟知。如果我们靠近这幅画，警报器就会立即响起，提醒我们这位女神必须受到保护。因为她以前受过伤害。尽管经过修复，伤痕已基本上无迹可寻，但如果仔细观察，你还是会发现她的身体上依然有一道银色的划痕，从后背一直延伸到臀部。1914年3月，女权主义者玛丽·理查森来到国家美术馆，她平静地走到委拉斯凯兹的这幅画作前，突然拿出藏在外套里的刀子，对着画布猛刺，在维纳斯光洁雪白的身体上留下了累累伤痕。安保人员迅速冲上前去保护这幅美术馆里最珍贵的裸体画，而理查森并未反抗，平静地被羁押，等待移交警方。

媒体大肆宣扬这起袭击事件，将其定义为两个女性阵营之间的闹剧。一个阵营是女神维纳斯，她完美地代表了人们心

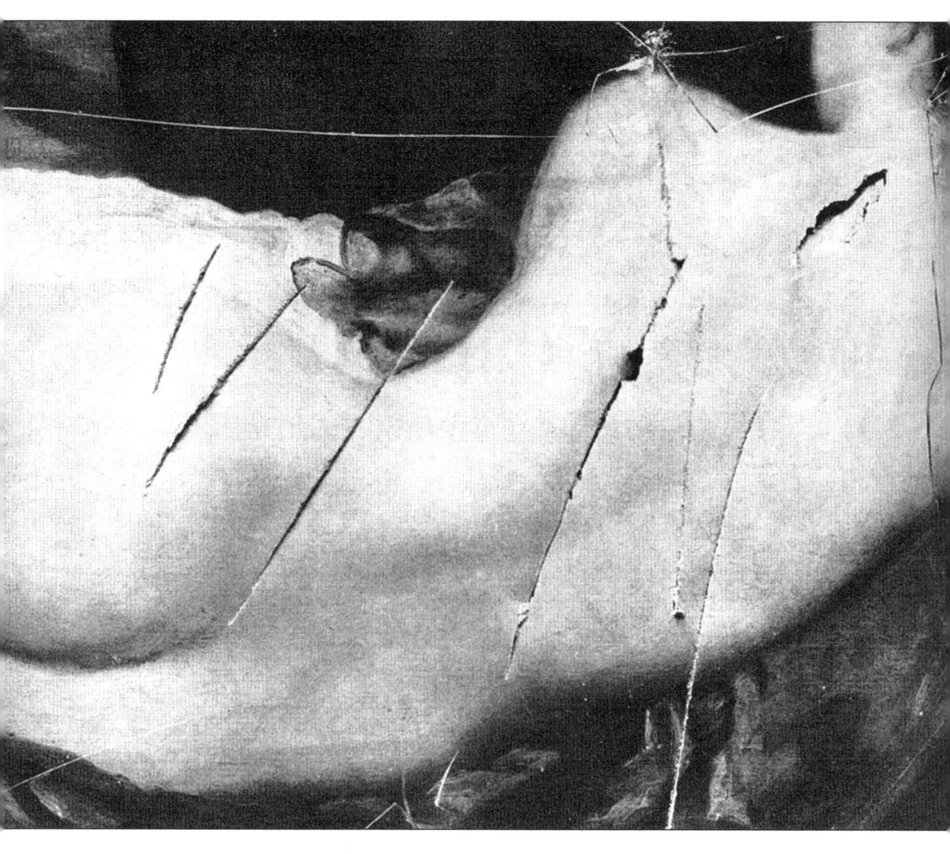

《伦敦新闻画报》1914年3月14日版，或1966年1至3月发表于《伦敦生活杂志》（*London Life Magazine*）上的未署名照片。© 伦敦新闻画报有限公司，玛丽·埃文斯

中恬静、柔弱的女性形象，随着画像的损毁变成了受害者。另一个是玛丽·理查森，后来被人们称为“大刀玛丽”，她是离经叛道的女性形象的典型代表，她的过激行为让人们坚信在承担政治责任和爱护公共财产等事务上，女权主义分子难以被委以重任。

但这并非一次鲁莽的公然袭击，根据玛丽·理查森的供述，她的破坏行为出于明确的目的，有着正当的理由：

我之所以想要毁掉这幅神话史上最美女神的画像，是为了抗议政府对艾米琳·潘克斯特夫人的迫害，她才是现代史上的绝代佳人。[5]

理查森所指的是以艾米琳·潘克斯特为首的女权主义者们被逮捕的事件，她们在狱中遭受了强迫进食等折磨，与此同时，还有一些女性在街头游行时遭到警察的殴打和迫害，而她们的主张不过是获取女性最基本的平等权益罢了。玛丽·理查森想要通过这次袭击行动揭露一个虚伪的事实：相比于现实生活中的所有女性，一张裸体女人的画像反而得到了更多的尊重。她的这次行动是女权主义者精心策划的活动之一，她们希望以破坏公共财产的方式来引起人们对她们诉求的关注。多年以后，玛丽补充道，她实施这次破坏行动还有另一个初衷，因为她讨厌男人们整天直勾勾地盯着这幅画发呆。

理查森使人们心目中女性顺从、美丽、迷人的理想形象幻灭了。她用刀子划开了画像的彩绘表面，让人们看清楚，它只是一个物体，并非有血有肉的人体，它不会像那些被监禁、虐待的女权主义者那样，会流血，会痛苦，甚至会死亡。

伦敦国家美术馆的参观者们大多不知道这件事。我在给学生或公众人物上课时讲过很多次，每次总能引起不同的反应，多数人的反应是愤怒。他们往往摇着头失望地问我：“怎么会有人如此亵渎一件精美的艺术品？”或者感叹道：“他们把它修复得多好啊！”

这起事件既没有出现在展签的文字介绍中，也没有在展厅的任何讲解材料中加以说明。“大刀玛丽”破坏行为的真实意图早已被国家美术馆那铺设有锦缎的墙壁吸收得无影无踪。（你可能会问：“为什么要说明？”但对我来说，这种缄默充分体现了女性的诉求遭到扼杀和排斥。）

2018年，在《人民代表法》（*Representative of the People Act*）（该法案赋予部分女性选举权）颁布100周年之际，人们自然会想起那次女权主义运动事件。但在我聆听一位美术馆讲解员在这幅画前的讲解时，他却丝毫没有提及自那以后人们所关注的《洛克比维纳斯》的争议性问题，似乎女性被视为满足男性某种欲望，和她们在争取参政权利过程中所遇到的重重阻碍毫不相干。[6]

这是一种对性别政治①的蓄意压制，遍布在洛克比维纳斯的胴体上。它让我想到，也许这些伟大的艺术创作背后所包含的关于性别、阶级、种族和资本等一系列复杂、棘手的现实问题，是我们不愿正视，也拒绝接受的，因为它妨碍了我们去欣

① “性别政治”（sexual politics）概念最早由美国作家凯特·米利特于1970年在她的博士论文《性政治》中提出。米利特认为“政治”的概念是指：一群人对于另外一群人进行支配的权力结构关系和组合。而在父权制社会和文化背景下，男性一直对女性实行全面控制与支配，这本质上与种族、阶层、阶级间的控制与支配并无不同。如果说种族关系、阶级关系是一种政治关系，那么性别关系同样也是一种政治关系。因此她认为，根植于社会中的“性角色”是受压制的，而在支配与从属这一不平等关系的过程中存在着一种角色之外的行为，即“性政治”。——译者注

赏这些素来为人钟爱的美丽形象。也许最重要的是，我们的确不愿探究闲暇时的艺术欣赏和这些问题之间的关联。

也许我们觉得美术馆应该是一个轻松、惬意之所，它们只要单纯地展出人类的文化艺术成就，供人们在闲暇时娱乐和欣赏即可。它们的确可以如此，但也关乎社会抱负和身份地位，以及我们在观赏中获得的一种难以言喻的道德感，其中最重要的部分非“文化”和“艺术”莫属。这在一定程度上是因为欣赏伦敦国家美术馆展出的艺术作品往往意味着从《圣经》和神话典籍中获得一种新的语言符号、故事和参照，因此，对艺术史的鉴赏在多大程度上超越其表象，取决于我们掌握了多少不为人知的秘密。美术馆的策展人和管理者在其艺术作品的展出、收藏、收购过程中，也会刻意隐藏某些信息，来左右我们对这些作品的解读。应该展出哪些作品，观众会如何评价它们，又有哪些作品该从展墙上撤下，是一门非常高深的学问。

像伦敦国家美术馆这样的机构，是在社会意志的影响下建立的。它的创建宗旨就是永不收费。自1824年建馆以来，伦敦国家美术馆每周都会向工人免费开放一天，供他们参观这些皇家艺术藏品。而且它被特意建在了城市西部的“富人区”和东部的“贫民区”之间，以便所有人前来参观。美术馆的外观雄伟壮观，宛如神庙，坐落在富丽堂皇的特拉法加广场。该广场是为了纪念英国的军事霸权和特拉法加海战[①]大捷而设计建造的，而美术馆则占据了广场的一整面空间。美术馆的出

---

① 特拉法加海战是英国海军史上最大的一次胜利，此战的指挥官是英国历史上具有传奇色彩的海军将领及军事家霍雷肖·纳尔逊，此役之后法国海军精锐尽丧，从此一蹶不振，拿破仑·波拿巴被迫放弃进攻英国本土的计划，而英国海上霸主的地位得以巩固。

口设在它正面的拱廊上，当参观者们从馆内走出，首先映入眼帘的就是位于国家政治中心的那座金光灿灿的庞然大物——大本钟。紧接着出现在我们面前的是纳尔逊纪念柱，由四只张着大嘴的石狮子守护。如此看来，美术馆里面的展品和英国体制的稳定性之间似乎有着某种潜在的联系。这也难怪有些人会如此狂热地捍卫《洛克比维纳斯》了。这幅画将他们的爱国精神、美好愿望和情感满足交织在一起，形成一种虔诚的信仰。于他们而言，欣赏这样的作品是一种崇高的道德追求和心灵启迪。但是，你可能会问，这些情感是怎么和一幅裸体女性画像融为一体，并让他们引以为傲的呢？

在17世纪的欧洲，《洛克比维纳斯》的原画主也是在这样的情感驱动下，将此类画作视为彰显其社会地位和政治身份的手段。不管是在17世纪50年代还是在今天，观赏《洛克比维纳斯》都关乎受教育程度、审美品位和社会抱负，是一种奢侈的享受。传闻中这位佳人的第一任“主人”是一位社会精英，他收藏了许多杰出的艺术作品，从精致的静物写生到诱人的女性裸体画，并通过它们来树立自己在男性中的地位。正如艺术史学家玛丽亚·洛在书中所写的那样：“‘女人’是一种暗示，让男人能够在彼此面前炫耀自己的才能和实力。”

维纳斯的魅力还在于她的出身颇具历史渊源，这也印证了古希腊和古罗马文化是西方文化信仰的核心，是我们理解文明的根基。说得委婉点，它掩盖了来自古地中海以外的其他文化中多样化的品位、成就和审美的艺术表现。因此，品位和审美完全变成了政治问题。尽管每个地域可能都有自己的审美传统，但全球文化中默认的审美标准始终都是经典的白人维纳斯形象。这是一个值得我们关注的问题，因为我们对维纳斯和古典文化的尊崇已经渗透到我们看待女性身体的普遍方式以及对她们寄予的期望之中了。

在我儿时的卧室里，挂着一幅镶有金色相框的《洛克比维纳斯》的海报。十几岁时，我下定决心将来要在大学里修读艺术史，于是母亲将它挂在了我的床头，我十分钟爱它。受维纳斯的影响，我浸淫在父权社会里人们对女性的幻想和审美中。在20世纪80年代，伴随着电视上的选美比赛节目和在报刊亭里随处可见的男性杂志，我逐渐长大成人。《洛克比维纳斯》刚好完全符合我对于少女的美好幻想：她可以是成人版的迪士尼公主，也可以是少女杂志上的模特，还可以作为《花花公子》的精美海报。我想更了解她，因为我隐约意识到她终将会成为我的人生目标，毕竟在我所生活的世界中，她代表着女性的巅峰状态：既有优雅性感的外表，又有生儿育女的能力。尽管我的样貌最终会由基因决定，但作为女性，我渴望被人艳羡。于我而言，了解维纳斯就意味着理解和接近高雅的艺术和文化，它令我这个来自工人阶级家庭的女孩心驰神往。但如今看来，把这张海报放在我青春期的闺房里是一种非常欠妥的做法，毕竟这里是我个人成长的私密空间。

维纳斯的画像在被玛丽·理查森破坏之后得以修复，重新展出供人观赏，秩序恢复如常。此后，她在每个时代都被赋予不同的意义。让我们来重新审视维纳斯的含义，看看她的形象是怎样被美术馆内外的女性争相模仿，进而影响她们的生活方式和对自己身体的认知的。

在世界各地的西方艺术收藏品中，维纳斯的身影无处不

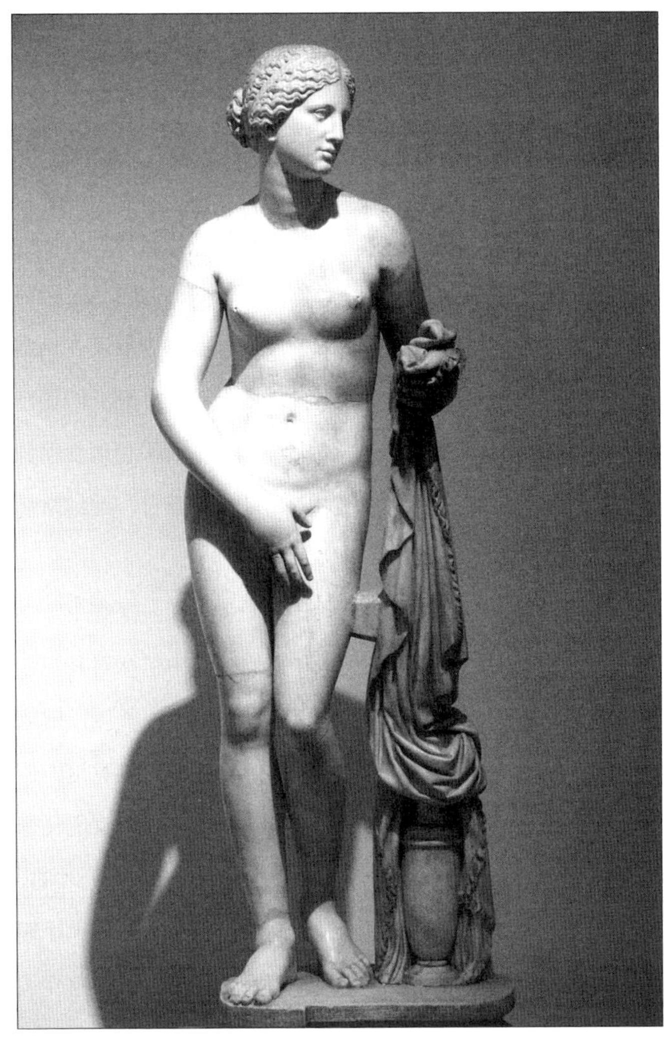

普拉克西特列斯,《克尼多斯的阿佛洛狄忒》,罗马国家博物馆阿尔腾普斯宫收藏。图片© akg-images / 埃里克・范德维尔摄影

在。艺术史学家格里塞尔达·波洛克将其在艺术和文化领域的主导作用与关注热度描述为“文化深层次的、无意识的行为”。而如今，当你从口袋里掏出手机，她可能就出现在你的社交媒体上。她还会随时出现在某本杂志上、某个电视或公交车站牌的时尚广告中。她那丰满的身材会让女孩们自惭形秽，她拥有令所有女孩羡慕不已的光滑肌肤，同时也是所有男孩的梦中情人。直至近期，维纳斯依然会每天出现在英国报纸的第三版上[7]。从文艺复兴时期的画像到维多利亚的秘密的T台，从化妆品广告到毕加索的绘画，在任何需要以女性身体来展现女性的美丽、性感、财富和地位的场合，维纳斯都会出现。

通过剖析维纳斯女神的形象，我们可以深入探究集体文化意识投射在女性身体上的恐惧和欲望，其中包括对我们生理机能的恐惧，比如身体内的血液流动、毛发生长以及健康状况等。我希望我们都能去思考，维纳斯的画像究竟是如何引起人们关于种族和性别差异的讨论的，男性艺术家们又是如何利用女性身体进行创作，成为人们公认的艺术天才的。此外，我还想请大家想一想，人们是如何利用维纳斯来让理想的女性形象变得常态化，并让我们接受父权制下的性爱观念的。

维纳斯是古希腊女神阿佛洛狄忒的罗马名字，阿佛洛狄忒可能源自早期美索不达米亚的性爱女神伊师塔。这位女神的早期形象有很多种，有些作品将她塑造成一位披甲战士，最初她象征着战争和爱情。但她最著名、传播最广的形象出现在一座公元前4世纪的雕塑中，这座雕塑不仅在整个艺术史和当代视觉文化发挥启发作用，也激起了人们心底对女性形象的幻想。

第一尊阿佛洛狄忒的全裸雕像出现在公元前350年。它由大理石雕刻而成，被命名为《克尼多斯的阿佛洛狄忒》(*Knidian Aphrodite*)。它出自雅典雕塑家普拉克西特列斯之手，被放置于希腊克尼多斯一座专门供奉女神的神庙里，是人们争相拜祭的对象。

据我所知，它是有史以来第一个展示两性相吸行为的形象。雕塑刻画的是一名站立着的年轻女子，她用一条腿支撑着身体，另一条腿则于膝盖处微微弯曲，脚趾着地保持着身体的平衡。和许多古典雕塑一样，她的身体完全赤裸，已褪成白玉色的大理石将她的肌肤衬托得光洁无瑕。但是阿佛洛狄忒手握浴袍的姿态却引发了我们无限的遐想，就好像是正当她沐浴后伸手去拿浴袍时，我们突然误入了她的私密空间。而她也像洛克比维纳斯一样，敏锐地察觉到自己被窥视了。于是她慌忙地用另一只手挡住私处——这一点和传统的男性裸体雕塑完全不同，即使一丝不挂，他们也会表现得泰然自若，而这个女子很清楚自己是弱势群体，有一些东西必须遮挡住。但是，她的这种行为反而诱惑我们将注意力和兴趣引向不该看的地方。

《克尼多斯的阿佛洛狄忒》一时名声大噪，吸引了众多参观者，除了当地居民，还有慕名而来的外地游客。在公元4世纪的希腊语著作《厄洛特斯》(*Erotes*)中，卢希恩描述了他与两个朋友的一次航海旅行，他们特地去感受了这座备受赞誉、激荡人心的雕塑之美。有一天，当放置雕像的圣殿里只有他们三个人时，朋友竟然去亲吻它。他们还注意到雕像的大腿上有一块污渍，于是询问了神庙的神职人员，得知之前有个水手企图和这座雕像产生肢体接触。罗马作家普林尼也探讨了该如何保护雕像，以防止人们对其做出一些出格的行为。[8]

“哈哈！愚蠢下流的古代人。我们可比他们文明多了！”对此我们可能会像听到一个滑稽可笑的童话故事一样，一笑而过。但我们却忽略了一个关键问题——只要还存在女性的裸体形象，她们就会被性客体化。

《克尼多斯的阿佛洛狄忒》的形象着实让有些男人兴奋。2018年，在谢菲尔德的一户人家里，摆放着另一座被命名为格洛丽亚的“维纳斯”裸体雕塑，它不是用大理石，而是用灌木丛修剪而成的，用以装饰门廊。据说有男性仰慕者曾爬到它的上方，进而损坏了它的形状。18世纪时，罗马人以克尼迪安为原型创作了另一座雕塑，将其命名为“美第奇维纳斯”，它成为当时参加大陆游学的贵族旅行者们所垂涎的对象。这座雕塑至今仍矗立在佛罗伦萨乌菲齐美术馆的八角展厅里，成为一个外国游客们必去打卡的景点，连番的新闻报道和往来书信吸引了越来越多的参观者，更有诗人热衷于创作关于与这具迷人的身体共度良宵的诗歌。

约翰·佐法尼在1777年的一幅名为《乌菲齐美术馆收藏室》（*The Tribuna of the Uffizi*）的画作中，描绘了游客们面对美第奇维纳斯时所表现出的冲动。画像里五个戴着假发的男人簇拥在这座大理石雕塑的后面，专注而兴奋地观察着它的身体，其中一人的手里还握着放大镜，以便欣赏到更多细节。显而易见，与其说他们参观这幅画作的目的是欣赏意大利的艺术杰作，倒不如说是为了以文化认可的方式来窥视，这真是再可笑不过了。尽管佐法尼的绘画是如此不加遮掩的下流，美第奇维纳斯仍被柯勒律治[①]推崇为“天才最杰出的作品”之一。这就给我们提出了一个难题：所谓“天才最杰出的作品”（或者说像《洛克比维纳斯》那样受到严密保护的珍迹）难道不是女性受歧视的明证吗？

问题的关键不在于这些作品能否被视为宝贵的文化艺术（它们当然可以），而在于高雅文化的表达一直将女性视为任人摆布的玩物，而不是艺术家或文化创造者。人们无法将女性的价值与因性别产生的固有偏见分开，因此限制了女性在父权社会中所能够取得的成就。

2014年，瑞典国民议会在副议长苏珊娜·埃伯斯坦的要求下，将一幅穿着暴露的女神画像从议会室中移除，这一引人瞩目的事件也是上述问题在现实生活中的体现。这位议员解释，在她的工作场合，女性的色情形象分散了政客们的注意力，也影响了人们对职业女性的看法。在我看来，她所表达的意思和那些抵制在报纸头条上刊登女性裸露照片的人所呼吁的观点是一致的——无论是在报纸上还是在油画中，这些把女性刻画为性玩物的行为都有可能成为威胁和破坏性别平等的元凶。这个社会教导女性从小就要顺应主流媒体、高雅艺术和文化作品中那些过度性化的刻板印象，最终成了一种潜在的社会规范。因此，女性的性感形象随处可见，从美术馆到办公场所，再到路上的公交车外饰面，它们共同营造出一个完整的、供异性恋男性专享的空间。

其实，这里问题的关键并不在于裸体本身，而在于不论是

---

① 塞缪尔·泰勒·柯勒律治（Samuel Taylor Coleridge），英国浪漫主义诗人、文艺批评家，湖畔派诗人代表。——译者注

约翰·佐法尼，《乌菲齐美术馆收藏室》局部图，1777年，英国皇家收藏信托基金会收藏。Royal Collection Trust / © His Majesty King Charles III 2023

在古典艺术作品中，还是在当今社会里，人们对男性和女性的裸体总是持有两种不同的态度。在普拉克西特列斯创作《克尼多斯的阿佛洛狄忒》的四个世纪以前，男性裸体雕塑就已经在古希腊问世了，那时并没有女性裸体雕塑。人们并不认为男性的裸体就代表着赤裸或不堪一击，他们的肌肉被刻画成铠甲的模样，是英雄气概的象征，也代表着古希腊人对知识真理和政治观念的渴求。

自那以后，大量的绘画和雕塑作品都在运用经典的裸男形象来表现政治力量与英雄主义。拿破仑·波拿巴在自封为法国皇帝时，摆出战神马尔斯的造型，命人按自己的样子雕刻出一尊真人大小的裸体雕塑。《旧约》(*Old Testament*)中的英雄大卫也被米开朗琪罗仿制出巨型裸体雕塑，以同样的寓意摆放在佛罗伦萨市政厅门口的领主广场。同样，在伦敦蓓尔美尔街的陆海军俱乐部外有一座战争纪念碑，刻画的就是一位头戴钢盔、脚穿凉鞋的裸体古代战士。他们趾高气扬地站在那里，对自己的赤裸浑然不觉，与阿佛洛狄忒在发觉自己被窥视后所表现出的慌张神态形成了鲜明的对比。

如果你不认可男性和女性裸体在象征意义上的差别，那就请试想一下，在我们的公共场所中，可有一座女性的裸体雕塑是用来象征真实的权力，或是用来代表政府或权威机构的？这种话语权符号根本不存在。

女性和男性身体的不同寓意带给我们的影响远不止怎样去解读艺术和雕塑作品这么简单。在美国，男性可以肆无忌惮地在公共场合赤裸上身，而女性却经常因这样而被逮捕和罚款，她们甚至羞于在公共场合敞开衣物来哺乳孩子。照片墙

（Instagram）和脸书（Facebook）等社交媒体对任何包含女性私密部位的图片始终都有严格的审核，它们不分青红皂白地认定这些图片违反了社会准则（而男性则不存在这样的问题）。这种审核给许多女性带来了不便，特别是乳腺癌患者，她们无法通过在网络社区内分享自己身体变化的图片来相互鼓励和学习。照片墙对此给出的解释是，平台允许女性分享做完切除手术的图片，可事实上很多分享此类图片的账户还是会被他们的系统限流甚至封禁，并将图片标记为不合规。2020年10月，该网站还取缔了一个叫"The Breasties"的账号为乳腺癌患者举办的社区教育活动的现场直播。

无论是在日常生活中，还是在她们分享自己照片和经历的过程中，这种对女性真实身体的审核不仅限制了她们的人身自由，而且还证实了隐藏在我们集体意识里的关键问题——女性的身体永远不能被客观地看待，它是一种禁忌，只能以大众认同的方式被操纵。

我们再来看看艺术史上公认的维纳斯形象，波提切利的《维纳斯的诞生》（*Birth of Venus*）。一个真人大小的维纳斯从海中现身，她的皮肤光洁剔透，秀发卷曲飘逸，伴随着漫天飘舞的玫瑰花瓣，海浪将承载着她的巨大贝壳冲上了海岸。她的皮肤白璧无瑕，光洁如玉，没有任何瘀伤和疤痕，也没有因激素增多而产生的纹路。她的身材丰满、柔美。她的身体上几乎没有毛发遮挡，浓密的金色秀发自脸颊旁隐入身后，如藤蔓般一直延伸到腹股沟处，遮挡住了她的私密部位，却将我们的目光引至那里。

波提切利这幅伟大的女性裸体画作如今是佛罗伦萨乌菲

齐美术馆的镇馆之作。它不仅象征着女性之美，也是意大利文艺复兴时期西方艺术成就的杰出代表。我们根本无法想象如果艺术史上没有它，这个世界会变成什么样。《维纳斯的诞生》先后两次登上了《纽约客》(*New Yorker*)杂志的封面，被安迪·沃霍尔、Lady Gaga和碧昂丝等人争相模仿，甚至还出现在意大利的10欧分硬币上。这是一幅雅俗共赏的画作，它和《克尼多斯的阿佛洛狄忒》一起为其他所有维纳斯形象提供了创作参考。

这幅画像的原主人是谁已无从查证，人们推测他是佛罗伦萨一个叫美第奇的财阀家族中的一员，在15世纪和16世纪初期，佛罗伦萨知识分子和艺术精英的活动大多围绕着这个家族展开。这幅画是桑德罗·波提切利在1486年前后创作的，且很可能是受当时居住在城外别墅的美第奇家族成员的委托而创作的。对于特权阶级来说，这幅画是一剂提神良药，提醒着他们的权贵身份给他们带来的无上享受。这种享受不仅是即时感官上的，它还包含在一个完整的审美认知体系中。文艺复兴时期的人文主义学者们对波提切利笔下的维纳斯有两种解读：一个是天上“神圣的维纳斯”，另一个是凡间“自然的维纳斯”。他们认为“神圣的维纳斯”代表着纯净无瑕、超凡脱俗的女性身体，它激发了人们对神圣之爱和灵魂之美的思考，而“自然的维纳斯”则与生育和性爱这些世间的美好事物有关，是“俗世里的维纳斯”。这两种身份取决于维纳斯给观众在感官或精神上带来的感受，长期以来，它们都是男性看待女性的简化版标准——要么是遥不可及的圣洁女神，要么是平平无奇的性伴侣。

波提切利的维纳斯符合“神圣的维纳斯”的形象：她那大

理石雕刻的肌肤苍白而坚硬，毫无血肉质感，不像洛克比维纳斯那样肤如凝脂，能给人带来感官上的享受。在文艺复兴时期的理想中，这个形态的维纳斯代表着人们对世间万物和谐美好的思考，是一种无形的精神之美。在这一背景下，我们很难以性客体化为由提出反对。毕竟，你可能会问，通过人体的形式来思考世界的神圣之美又有什么不对呢？

但是在波提切利的维纳斯问世后的很长一段时间里，它都代表着人们强加给女性的不切实际且无从效仿的审美标准，以及对她们性意识的压制。让我来解释一下原因。

波提切利《维纳斯的诞生》的创作灵感来源于荷马史诗中的一则故事。文艺复兴时期，古典学者阿格诺洛·波利齐亚诺在他的诗歌中对这个故事重新进行了创作。在神话故事里，维纳斯的诞生故事和画像里呈现的完全不同，它并不是一个伴随着鲜花和海浪的甜美故事，而是由天空之神乌拉诺斯的身体某部位演变而来的。

我们停下来思考一下这个故事：这个美丽妖娆、经久不衰的西方经典女性形象不是来自女性，而是源于男性。维纳斯没有母亲，她是由父亲身上的器官变化而成的。你也许对此闻所未闻。（我初次听闻这个典故是在涉猎西方艺术几年之后，从事这些研究必然要从了解古典裸体雕塑入手。）

首先，按照波提切利和美第奇家族所推崇的柏拉图式的理念之美，维纳斯并非源自女性的身体这一事实，实际上让她变得更加神圣了。维纳斯在波利齐亚诺的诗歌中也具有明显的非人类的外貌特征，并不是一个有血有肉的真实女性。正是这种超脱于物质的形象，使得维纳斯成为近似神祇的最高存在。虽然起初我们可能没有意识到，但神话故事中对维纳斯的描述的确否定了女性的生育能力。在拉丁语中，单词“mother（mater）”与单词“matter”和“material”来自同一个词根。由此可见，母亲是物质世界中不可或缺的组成部分。可“神圣的维纳斯”是超凡脱俗的，不会被世俗女性的生育义务所拖累。

在波提切利的鬼斧神工下，维纳斯变成了一座女神石像，带着一种毫无生气的、令人捉摸不透的美感，却再无一丝暴力的血腥色彩。透过她那冰冷、紧实、坚硬的身体，我们实际上看到的是对女性的生育能力原始而混乱的解读，它忽略了女性身体在生育过程中所经历的臃肿和疼痛，将其压制为一种可控的理想状态，并转化为高雅文化。（我们对脱毛和经期等话题的忌讳亦是如此。）

作为女性形象的完美代表，《克尼多斯的阿佛洛狄忒》的形象在无数的衍生作品中被不断重现。她那一条腿直立，另一条腿微曲的姿态凸显了她的臀部曲线，表达了人们对女性审美的普遍认同。女人在面对镜头时也纷纷效仿这个姿势，把手放在臀部，身体扭向一边，因为这个姿势能够展示出在她们的认知里身为女性最大的资本。

正因如此，从20世纪70年代开始，女权主义者发起了一系列活动，致力于将女性的某些形象从父权社会下的羞耻感中剥离出来，并重新赋予其女性的力量。例如，20世纪70年代，艺术家朱迪·芝加哥创作了艺术作品《晚宴》（*The Dinner Party*）（我们将在“女怪物”一章中看到）；杰曼·格里尔希望通过她的作品来抹除某个词的侮辱性含义。她们二人都呼吁人们将女性的身体视为力量和敬畏的源泉。

很多时候，维纳斯会以另一种更为大胆的姿态出现。这位“害羞的维纳斯”会侧卧在床上，露出整个正面或背面，摆出一副魅惑的姿态（就像洛克比维纳斯那样）。人们有时会称其为“斜倚的维纳斯”或“性感女郎”。这位维纳斯毫不在意旁观者注视的目光，对我们的赞赏之意和好色之情都来者不拒。她躺在床上，静待看客们的观赏和享用。这一版本的维纳斯形象在西方艺术和视觉文化中不断重现，上至提香、毕加索的作品，下至香水广告中的模特和歌手碧昂丝，她已经被深深地铭刻在我们的集体意识中。

其中最经久不衰的形象之一是意大利艺术家提香于1538年创作的《乌尔比诺的维纳斯》（*Venus of Urbino*）。人们认为这幅画作表现了性爱在幸福婚姻中的重要性。在一间具有典型文艺复兴特色的豪华卧室里，维纳斯姿态撩人地斜躺在床上，神情满怀期待。她一只手抚弄着一小束玫瑰，另一只手则随意摆出经典的“害羞的维纳斯”手势，隐晦地将人们的注意力吸引。这位维纳斯并没有那么端庄——事实上，她的形象被画中所表现出的已婚身份中和了，比如手里的玫瑰和窗外的香桃木——在文艺复兴时期，这两种植物都是婚姻的直接象征。此外，在她身后的背景中还放置着两个大木箱，这是一种名为卡索尼的传统木箱，经常在夫妇成婚时用来盛放新娘为新婚家庭添置的嫁妆。

这些迹象都表明，这位维纳斯要么已经订婚，要么刚刚完婚。一只忠诚的小狗蜷卧在她的脚边，它静静地酣睡着，暗示了正在欣赏维纳斯的人是这座房子的主人，因此它没有必要吠叫。提香这幅香艳的维纳斯画作是为乌尔比诺公爵吉多巴尔多二世·德拉·罗维雷所作，人们猜测他的目的可能是让小公爵很多岁的新婚妻子看到这幅画中蕴含的婚姻寓意。也有人建议说应该将这幅画展示给少女观看，让画中这位拥有丰富性经验的女性清楚地告诉她们，为了保持婚姻幸福，她们需要如何引起夫君的注意。从这一角度，我们可以把乌尔比诺的维纳斯看作是刚刚步入婚姻的格里塞尔达2号：一个用来教导年轻新娘行为举止的典范。这幅画似乎在告诉我们，做妻子的首要条件就是在婚床上表现得像维纳斯一样。按照当代的艺术标准来说，这幅画不算太过露骨，但学术界还是将之称为“精英人士的情色作品”，它甚至激起了马克·吐温的愤怒，他在19世纪的作品中指出，即使放在妓院里，这幅画像也显得过于淫秽（这句话实际上让我们更加了解了马克·吐温，而不是这幅画）。我发现，当人们开始关注一件备受推崇的艺术作品所唤起的色情意图时，我们的研究重点往往会从对画作本身的阐释，转移到公众对女性身体和性行为的态度上来。有的人会言辞激烈地斥责，说“女权主义疯了”，更有甚者还会将其比作早期法西斯主义行为或惩罚性审查制度，即使相关审查从未被提及。

也有人对古典文学作品进行了猛烈的抨击。大学教授玛丽·比尔德主持了英国广播公司（BBC）的一档电视纪录片《裸体的震撼》（*The Shock of the Nude*），在该纪录片播出前不久，她在推特上提出了一个人们普遍关注的问题：“艺术中的裸体是不是专属于精英人士的软色情？”这一问题在社交媒体引发了激烈的讨论。一些艺术评论家甚至在推特上发文称，将艺术和色情作品联系在一起是一种危险的煽动性行为，会导致艺术作品被审查和取缔，甚至会给它们招来一个多世纪以前发生在《洛克比维纳斯》身上的类似祸事。（然而，正如我们在前言所见，“大刀玛丽”的破坏行动是为了揭示人们对画框里和监狱中女性区别对待的虚伪行径，并非为了消除画像的色情内涵。）

我感兴趣的是，像《洛克比维纳斯》和《乌尔比诺的维纳斯》这样的画作，为何会受到如此严格的保护，不接受除了对其审美和技艺夸大其词的褒奖之外的任何评判，以及为何我们通常不愿意在将一幅画作赞誉为“高雅艺术”的同时，也能开诚布公地承认其中的色情成分，就好像这两者不能共存一样。

毕竟，有些人可能会反驳说，洛克比维纳斯和乌尔比诺的维纳斯看起来似乎也很享受她们受到的关注。她们难道不是坦然地放任我们观赏，并享受给我们带来的愉悦吗？但让我们再想想，谁才是她们的观赏者：一个潜在的男性观众，他既是画像的主人，也是画像中甘愿为他做出那样姿态的女子的主人。

这些躺卧的裸体女性画像，已不像最初那般仅被上流阶层的男性作为珍品收藏，供其私下赏玩。现在，每个人都期待着被它们吸引、诱惑和熏陶，帮助他们解开关于两性、艺术和文化的奥秘。《洛克比维纳斯》和《乌尔比诺的维纳斯》这样的画作以不同的方式吸引着不同的群体，有人想占有她们，有人想模仿她们，但是对于那些对她们毫无欲望的人而言，这些画像又意味着什么呢？何况这个典范本就是按照她的男性（所有者）的意愿所创造的。

玛丽·比尔德在《裸体的震撼》中也表达了类似的观点：

男性凝视[1]无处不在。她提到了美第奇维纳斯:“你无法逃避关于性欲、性别和欲望力量的问题……我一直不太确定……不管我是凝视雕像臀部的众人中的一员,还是正在被窥视的那个人。正是这些内心的困扰构成了真正的裸体震撼。”

《乌尔比诺的维纳斯》让提香一举成名,广受赞誉。纵观艺术历史,维纳斯一直都是男性艺术家们的阳刚之气和创作能力的勋章(这也许和她的神话起源有关)。但是这给我们这些观众带来了什么?无处不在的男性凝视使女性根本无法从《乌尔比诺的维纳斯》或任何其他类似作品中获得乐趣,这种仅属于男性的观赏乐趣总是以牺牲女性的利益为代价。

泰特现代美术馆坐落在伦敦市的另一侧,用以展出20世纪和21世纪的国际艺术品,它与壮观和辉煌的国家美术馆截然不同。

在这个由发电厂改建而成的美术馆里,蜿蜒曲折的自动扶梯取代了鎏金的画框和缎面的墙壁,载着一群参观者穿梭于这个庞大而空旷的艺术品收藏馆中。这里的游客往往不会驻足流连,慢慢观赏,他们主要是来抒发生活情调的——拍些照片分享到社交平台上,再喝些手工咖啡、吃点小吃或者买点纪念品等。

泰特现代美术馆的涡轮大厅里举办过许多大规模且常常

---

① 男性凝视是一种社会文化现象。女性被看作第二性,男性则通过各种媒介和渠道享受窥视愉悦,成为观看和凝视的第一性。——译者注

是互动式的展览项目[①]，对于参观者来说，这种体验要比鉴赏美术馆里的艺术作品有趣得多，这已经成为许多大型现代美术馆的宿命——它们不得不利用这些炫酷又新潮的活动来吸引观众。但与此同时，这种将文化娱乐化的行为也会弱化许多艺术作品表达的涉及性别、种族、阶级等的交叉性问题。当我们把艺术等同于娱乐，我们就丧失了用它来推动政治变革的力量。（说到这，我们还可以合理地提出疑问，如果艺术只是局限在美术馆和博物馆这样的特定场所中，那还有什么真正的力量来推动政治变革呢？）

泰特现代美术馆里显然并没有维纳斯的经典画像。尽管人们在这里看不到维纳斯那迷人的身体曲线以及陪伴她左右的小天使丘比特，但这并不意味着维纳斯不会以更加现代的方式出现。2018年，泰特现代美术馆筹办了两位现代主义绘画巨匠的个人作品展，一时轰动全国。其中一场题为《毕加索1932：爱情、名声、悲剧》(*Picasso 1932: Love, Fame, Tragedy*)，主要用以呈现毕加索对他的情人玛丽·泰蕾兹·沃尔特的炽烈欲望。这分明就是一场关于维纳斯的视觉盛宴，毕加索甚至刻意参照了传统的艺术形象，在一幅作品中让玛丽模仿洛克比维纳斯的姿态，慵懒地横卧于镜前。在他的另一幅名为《梦》(*The Dream*, 1932年)的画作中，玛丽·泰蕾兹·沃尔特微阖双目，斜靠在椅背上，沉浸在幸福之中，她双手的手指交叠，似乎是在向提香笔下那位乌尔比诺的维纳斯致敬。为了确保观众能够清楚地看出谁才有权利沉浸在这种幻想中，毕加索把自己身体的一

---

① 从2000年开始，泰特现代美术馆每年都会委托一名艺术家创作一件装置作品并在美术馆的涡轮大厅展出。由于该厅空间很大，所以艺术家带进来的作品往往体量惊人，让人过目难忘。——译者注

部分画成了玛丽·泰蕾兹·沃尔特脸上紫色的部分。

整个展览就是一个对我们所熟悉的古典神话形象不断强化的过程。它将毕加索展现为一头不可驯服的野兽，它去了凡人无法到达的地方，探索奥秘，并为人类带来伟大的艺术。我们在任何作品里都看不到作为女性个体存在的玛丽·泰蕾兹·沃尔特。我们只能看到她被毕加索简化后的形象，有时是抽象的圆形，有时是宫女，除此之外，我们对她一无所知。此外，几乎所有人都会被这位男性艺术家的构图所吸引和诱惑，不论是男人、女人，这种构图决定了我们始终会从白人异性恋的男性艺术家的视角来定义艺术天才、艺术审美和艺术价值。

在泰特现代美术馆的另一端，另外一场个人展也同样备受瞩目。这里展出的是阿美迪欧·莫蒂里安尼的作品，展览回顾了莫蒂里安尼完整的绘画和雕塑生涯，博得评论家和公众的一致好评。展览的倒数第二个展厅更是成为评论家热议的对象，这里陈列着九幅惹人注目的大型裸女画作，给人们带来了一种悸动不安的体验。这些裸体女性，有的打扮成宫女，有的像《克尼多斯的阿佛洛狄忒》那样，用手指巧妙地遮挡着若隐若现的胸部，还有一些则大方地从正面展示着全裸的身体。换言之，所有的姿势都用其肢体语言告诉我们，维纳斯是为满足异性恋男性的凝视而存在的。

毕加索和莫蒂里安尼的“维纳斯”同时于同一个美术馆里展出，让人们看到他们在有意识地抗拒西方艺术传统中那种冰冷、完美、沉闷的美，这是一种反传统的艺术崇拜行为。对于当代观众来说，它们已经成为政治、反体制派以及知识荣誉的有力证据，证明艺术并非一定要包含古典元素才会有意义。

这些男性艺术家坦率的、毫不掩饰的色情构思，表明他们已摆脱世俗的、道貌岸然的品位限制。

人们上一次看到这些莫蒂里安尼裸体画作还是在1917年的一次展览上，当时警方以有伤风化为由关闭了展览。而如今，这些作品却在这里成功展出，并被奉若至宝，它要求我们对性的主题持开放态度。但是，它和毕加索的展览都存在同一个问题：从谁的角度来解读？这个问题让我如芒在背。

泰特现代美术馆的展签说明试图赋予莫蒂里安尼的裸体模特们冠冕堂皇的“权力”，理由是她们每天当裸体模特的收入是在工厂工作的两倍，而且她们还化了精致的妆容，剪了时髦的短发，这对她们或多或少是一种解放。但我认为，这是将女性身体商品化的又一例证，它体现了劳动阶级女性少得可怜的选择权（赋予她们化妆自由和权力的虚伪行为）。是的，如果换作是我，我可能也会选择为这位热衷情色的艺术家当裸体模特，而不是在工厂里辛苦劳作一天，但请不要把它称为“得到某种自由”。

况且无论这些年轻女性能赚多少钱，相比如今她们的裸体画像在拍卖会上成交的数千万美元，也只不过是九牛一毛。2018年，拍卖会上成交价最高的两件艺术品出自毕加索和莫蒂里安尼之手，而且都是以维纳斯为原型的裸体女性画作。它们和委拉斯凯兹的《洛克比维纳斯》在艺术价值上并无什么不同，都强化了维纳斯形象在男性地位、特权和财富展示上的重要性。

在泰特现代美术馆举办毕加索和莫蒂里安尼个人画展的同一时间，为了庆祝国际妇女节和妇女参政一百周年，我做了一场关于女性裸体主题的演讲。在分析了玛丽·理查森对《洛克比维纳斯》的破坏行为，并解释了艺术家们以维纳斯为原型进行创作时所作的更改和保留之后，我提到了莫蒂里安尼笔下的维纳斯。几乎所有人都认可女权主义者对《洛克比维纳斯》的破坏行为，也承认委拉斯凯兹的这幅画作过于轻浮。但是当我提到莫蒂里安尼的作品时，一位女士却失声大喊道："别诋毁它们，它们多美啊！"生怕我会让莫蒂里安尼在她心目中的伟大艺术家的形象就此破灭。

她说得对，这些肖像确实很迷人。她们眼睑低垂、神色忧郁，带着一种与众不同的性感，深深地吸引着我们。但是我不想继续不明就里地被诱惑下去，还觉得这是一件天经地义的事情，因为无论维纳斯以何种形象出现，她都被限定在男性凝视的框架里，使得女性自身的性观念根本无从表达。

我想让大家更清楚地认识到维纳斯究竟代表着什么。我希望我们能坦然地接受这些画像中问题和魅力共存的事实，既不把男性的性欲彻底妖魔化，也不将维纳斯保护起来以回避任何批判。

这也是美国女演员莫利·林沃德提出的观点，随着"Me Too"运动带来的女权意识觉醒，她回顾了年轻时期所拍摄的电影带给她的紧张和焦虑情绪。2018年，她在《纽约客》上写道："我们应该如何看待让我们又爱又恨的艺术？如果我们和它的创造者易地而处，又当如何？就艺术而言，抹杀历史是很危险的行为。改变很重要，但铭记历史也很重要，只有牢记传统艺术中的侵犯和野蛮，我们才能正确衡量我们已经取得了哪些进步，以及还需做出哪些努力。"

让我产生强烈共鸣的正是林沃德的表述中“还需做出哪些努力”的部分。我们还需做出哪些努力，才能不再用看待维纳斯的方式来看待女性的身体、欲望和性行为，才能将女性的身体从审美、权力和地位以及文化资本中剥离出来。我们只有审判、剖析它——至少要明白我们所看到的是什么——才能分辨这些形象究竟是对女性的赋权，还是仅仅只是一种虚伪的承诺——看似解放，实则束缚了她们。

让我们再说回维纳斯的表象之美。她如同一个美丽却空洞的花瓶，用虚幻的外表操纵着现实中女性身体的表现方式——她们的身体不能流血，不能有任何毛发遮挡，要始终保持光滑细腻、精雕玉琢的肉体美感。

在吉列2017年的一则电视广告中，一位模特从碧波粼粼的海水中走向海滩。她拉开潜水服的拉链，露出白色的比基尼和光洁修长的四肢，摄影机始终聚焦于她身体优美的曲线，就好像是在拍摄一座“行走的雕塑”。这组镜头明显是在模仿波提切利的《维纳斯的诞生》，还有意致敬了20世纪的电影《007之诺博士》(*Dr. No*)中的“邦女郎”乌苏拉·安德丝身着白色比基尼，从海里涉水而出的画面。事实上，在这个干净到离谱的海滩上，不止模特的比基尼是白色的，海滩派对上那些悠闲地喝着柠檬水的人也都穿着白色的衣服。这和波提切利画作中“神圣的维纳斯”高洁而不可侵犯的形象相呼应，表达了人们对纯洁和美德的另一种看法。通过引用这些形象，吉列一方面从纯粹的男性视角将维纳斯物化成了妩媚动人的“海报”，另一方面它又精妙地将其表现为极具文化价值的高雅艺术。(这不禁让我想起了乌菲齐博物馆里的《美第奇的维纳斯》，人们一边色眯眯地窥视她，一边称她为天才艺术家最杰出的作品。）

海滩上的所有人都将目光转向了维纳斯。一位满头银发的年长女士向维纳斯投去赞许和敬佩的目光，毕竟，她或许曾经也是那个维纳斯。诸如此类将年轻美丽少女与迟暮之年的女性进行对比，是艺术史上传统构图中非常热衷使用的细节刻画法，它提醒我们维纳斯的价值全在于稍纵即逝的青春和风华正茂的身体。

于女性而言，浓密的毛发若是长在头上，我们会称之为性感，若是长在身体上，那就是“不堪入目”和“没有女人味”了。然而，体毛是女性性成熟后必然会出现的，它和月经一样，代表着性成熟和有生育能力，但维纳斯的经典形象却告诉我们，在对成熟女性的身体进行形象的刻画中，不允许其表现出任何形式的生殖能力。因此，父权社会下的维纳斯给女性带来了一个无法逃避的悖论：她们要有性能力，但同时也要对那些标志着身体性成熟的生理特征感到羞耻。维纳斯并非来自母体，她的肌肤毫无血色，全身无一丝毛发，加之人们对她客体化的认知，这些都表明了维纳斯其实象征着对女性真实性行为的压制。

如果理想状态的维纳斯必须没有任何毛发，那她就得抑制所有正常的生理功能，由此可见，她那超越人性的完美外表只不过是一副空洞、虚假的皮囊而已。在公共论坛上，背离或诋毁维纳斯完美女性形象的言论都会受到严格监管。2015年3月，诗人兼艺术家鲁皮·考尔在社交平台上发布了一张个人照片。照片中，她模仿洛克比维纳斯的姿势，背对观众斜躺着，不过并没有像维纳斯那样裸露出凝脂般柔滑、细腻的肌肤。画面中既没有经典的丘比特形象，也没有维纳斯身前那面用来回望观众的镜子——室内简单的陈设表明这只是一个用来休息和放松的场所。这张照片所描绘的内容对于女性来说不言而喻，尽管如此，它还是先后被审核了两次，最终被社交平台删除，原因是它超出了论坛规定允许发布的素材范畴。对比人们在女性裸体绘画上所表现出来的宽容态度，这种审核显得过于矫情和虚伪。

此外，鲁皮·考尔的照片也是有色人种女性对白人艺术史上经典维纳斯原型的刻意模仿，它让我们关注到了艺术史和绘画史对有色人种女性形象的抹杀与物化问题。

在我们的文化中，有色人种女性更有可能遭受因种族歧视而引起的性暴力，艺术史和视觉文化史上的相关绘画形象中充斥着诋毁、诽谤、过度性化和性癖好，这些都让这一问题无所遁形。

公元1800年前后，西方艺术中第一个“黑人维纳斯”的形象出现在托马斯·斯托瑟德的蚀刻版画《黑色维纳斯从安哥拉到西印度群岛的旅行》(*The Voyage of the Sable Venus from Angola to the West Indies*)中。一位身材匀称的黑人女性镇定自若地站在一个被海豚牵引着的巨大贝壳上，她全身赤裸，只在腰间系了一条腰带，露出线条优美的手臂和双腿。头戴王冠的海神特里顿在海上专注地凝视着她，确切地说，带着明显的侵犯意图。几个小天使在她的头顶飞舞，手中撑开七彩斑斓的羽毛，迎接她的到来。

这位“维纳斯”是来自非洲南部的奴隶，正从西海岸的家乡前往西印度群岛的殖民地，但托马斯抹去了她在跨越大西洋过程中所遭受的苦难和暴力，将其净化为一部赏心悦目的

托马斯·斯托瑟德,《黑色维纳斯从安哥拉到西印度群岛的旅行》，1800年前后。© Bridgeman Images

作品，人们将这幅作品视为波提切利的《维纳斯的诞生》的姊妹篇，认为它模仿了在碧波汹涌的海浪之中站立于贝壳上的经典裸体女性形象。

这幅版画是为艾萨克·蒂尔的一首诗所作的配画，这首诗收录在布莱恩·爱德华兹于1801年出版的《英国西印度群岛殖民地的历史、民事和商业》(*The History, Civil and Commercial, of the British Colonies in the West Indies*)一书中。蒂尔的诗直接将“黑色维纳斯”与波提切利的《维纳斯的诞生》相比较，带有毫不掩饰的种族歧视态度。

诗人罗宾·考斯特·刘易斯将《黑色维纳斯从安哥拉到西印度群岛的旅行》描述为一幅既美丽又恐怖的画。一方面，它鼓励我们从古典文化的审美标准来欣赏画中的黑人女性身体，可是古典文化审美向来是将黑人女性排除在外的。另一方面，它隐藏了这个黑人女性所遭受的剥削、压迫以及所有非人的待遇，再将之蒙上一层神秘的神话色彩，这种表达方式令人毛骨悚然。这幅画利用文艺复兴时期艺术和文化权威，将横跨大西洋的奴隶之旅美化为非洲女性出于自愿的解放之旅，掩盖了女性奴隶被监禁和虐待的事实。

1810年，也就是在斯托瑟德完成版画的十年后，一位名为萨尔特杰·巴尔特曼的黑人女子被人从南非的科伊科伊部落带到了伦敦，人们称她为“霍屯督维纳斯”。[9]“霍屯督”这个名字起源于荷兰殖民者对科伊科伊人的蔑称(可能是荷兰语对科伊科伊语发音的模仿)。

巴尔特曼在皮卡迪利广场被作为一个“怪物”公开展示，参观者只需花上几枚硬币就能欣赏她的身体。她像一只野生动物一样，要么被关在笼子里，要么被“饲养员”带着在房间里走来走去。巴尔特曼和另外一位科伊科伊女子被带到了英国，作为人类学标本公开展出，参观者被这两名女性硕大的臀部所吸引——这其实是一种被称为“臀脂过多”的生理现象，在科伊科伊女性中非常普遍。

1814年前后，巴尔特曼又从伦敦被带到法国，在巴黎进行付费展览，一年后死于梅毒。在她死后，她的尸体被法国解剖学家乔治·居维叶解剖，他认为她代表了动物和人类进化过程中所“缺失的一环”。他将巴尔特曼的大脑和生殖器装在玻璃容器内，在巴黎的人类博物馆展出，这个展览一直持续到1976年。2002年，巴尔特曼的遗体被送回她的出生地。

有趣的是，在对巴尔特曼展览事件的讨论中，有人认为她是自愿被威廉·邓洛普用财富诱惑带到欧洲，并与他分享了一部分收益的。这实际上和我们目前所争论的女性是否“自愿”被物化的问题一样，都来源于允许女性从自身剥削中获利的荒谬制度，那些人试图用这种论点转移人们对此制度的质疑。

巴尔特曼所代表的维纳斯和“黑色维纳斯”不同，后者是对经典的白人维纳斯原型的精心模仿。1815年前后，在法国的一个看似雕塑的石头底座上，印着一幅名为《狂喜中的好奇者》（*The Curious in Ecstasy*）的版画，画中的众人正专注地欣赏着巴尔特曼的身体。（当时许多漫画和版画都对她的身体罕见的性特征进行了夸张的特写，这只是其中之一。）这幅版画鼓励我们将巴尔特曼的身体视为艺术品和人类学标本。画中一位坐在椅子上的男子踮着脚，身体前倾，仔细地端详着她的臀部，这让我联想到佐法尼的《美第奇维纳斯》，在那幅画作中，参观者也是如此贪婪地盯着维纳斯的臀部。但是，尽管白人维纳斯的雕塑深受亢奋的水手和好色的旅行者们的青睐，但在她的身上，我们丝毫感受不到女性身体的真实感，而“霍屯督维纳斯”的身体则表现出了极度的真实感——那些在洁白的女神雕塑身上被压制的肉体欲望，在“霍屯督维纳斯”的身上体现得淋漓尽致。

19世纪末，西方艺术中还有另一种看待有色人种女性身体的方式，当时艺术家们将欧洲的殖民地视为人类堕落前的乐土。

艺术家保罗·高更就是抱着这种幻想，放弃了在巴黎当股票经纪人的优渥生活，抛下妻子和三个孩子，来到了法国殖民地塔希提岛。在这里，他和许多土著女性发生了性关系，其中多数是年轻女孩。他把她们当中的一些人称为“妻子”，并为她们画像。他在信中将这些女性描述为“nymphs”，这个词在神话故事里通常用来指代那些由大自然幻化而成的仙女，这些仙女总会被好色的男性神灵引诱。高更自诩为这样的神灵，并表达了他对岛上女性的渴望。他还在信中描述了他如何“想要将她们金麦色的皮肤、诱人的动物体味和热带风情记录下来，使之永存不朽”。

高更以西方艺术中的维纳斯为原型，并运用大洋洲的这片乐土带给他的视觉语言、符号和色彩赋予了维纳斯异国风韵。尽管他可能已经放弃了传统维纳斯那大理石般的肉体和羞怯的姿态，但类似的各种欲望依然深深地植根于他的画作之中。

高更画了很多他的“妻子”的肖像，其中一幅名为《游魂》

(*Spirit of the Dead Watching*) 的作品是他从1892年开始创作的。这幅人像画的主角看起来就好像是《乌尔比诺的维纳斯》或《洛克比维纳斯》中的主人公被他翻了个身：她腹部朝下，躺在白色的床单上，双脚交叉，双手搭放在枕头上，伸展的四肢泛着金棕色的微光。她面向观众，脸上带着期盼的表情，似乎在暗示她已经做好了准备。从她的姿势和眼神中可以很明显地看出，画面中隐藏的观众是她所预见和熟悉的，她很清楚自己必须乖乖地听命于他。在她身后的一片瘀伤般的青紫色背景中，侧身站立着一个模糊的身影（或是一个幽灵）。这幅画打破了传统婚姻和古典神话中对直白表现色情内容手法的禁锢，这种禁锢曾让诸如乌尔比诺的维纳斯等这些形象不为世人所容。（高更本人也认为这幅画"不雅"。）

直到最近，公众舆论才开始一致认定高更为现代艺术巨匠（和毕加索和莫蒂里安尼一样），认为他致力于追求自己的欲望，并在先锋艺术中进行积极探索，帮助那些拥有同样追求的人获得了解脱。高更的故事经常被人们诠释为"在令人窒息的欧洲资产阶级社会中对自由的大胆追求"。他的体验是一场激情澎湃的探索之旅，将他本人和所有被他的作品感染的人一并带到了一个充满动物本能和肉欲解放的理想世界。在艺术作品中，性往往天然就被看作是一个与解放有关的主题，但是我们可能会自问，对于这些画作中的女性，她们本人又获得了多大程度的性解放呢？

几十年来，艺术史学家一直对高更的殖民主义和性别歧视观点持批判态度。这一态度也在近期的很多大型展览中得以彰显，如在2019年伦敦国家美术馆和加拿大国家美术馆举办的“高更肖像”的展览中，其展签的释文就承认：“高更无疑是利用了他作为西方人的特权身份来为自己获取最大限度的性自由。”然而，尽管高更名誉扫地，我们似乎依然没有想好该如何解读他，我们拿不准这位天才艺术家通过描绘塔希提女性来激发性欲的做法是否道德，而我们关于“将艺术与艺术家分开”或“将恶魔与天才分开”的讨论对于解决此难题的帮助实则微乎其微。

在我们的视觉文化中，厌黑女症表现的形象就隐藏在我们的眼皮底下，“霍屯督维纳斯”和她夸张的臀部在我们的文化创造中无处不在，形成了种族主义歧视，塑造了复杂的性文化观念。2014年，金・卡戴珊[①]出现在《*Paper*》杂志的封面上，她身着黑色连衣裙，站在一个雕塑的基座上，裙子过紧，她无法动弹，看起来宛如一座微笑的雕像。她手上戴着黑色的手套，散发出好莱坞“黄金时代”的性感魅力，手中还握着上流社会奢华生活的象征——香槟酒瓶。香槟液体从瓶口喷涌而出，在金的头顶划出一道优美的白色弧线，最后落进放置在她丰满臀部上的玻璃酒杯里。金的臀部明显是PS（图像处理）过的，从生理学角度来讲，人类不可能有如此硕大的臀部。喷出的香槟泡沫在金的上半身周围形成了一个半圆形的形状，象征着对释放和奢靡的炫耀，也构成了一幅画中画的图案。但是，香槟划出的那道泡沫翻涌的弧线以及金那被衣裙紧紧包裹着的曼妙身体，隐约让我们联想到波提切利笔下的维纳斯的身体，

---

① 金・卡戴珊（Kim Kardashian），1980年10月21日出生于美国加利福尼亚州洛杉矶，美国娱乐界名媛、服装设计师、演员、企业家。——译者注

以及她在大海咸涩的翻腾泡沫中诞生的画面。

而这张照片也不得不让我们想起另外一个维纳斯——来自非洲西南部的“黑人维纳斯萨尔特杰·巴尔特曼。金的脖颈上戴着珍珠项链，尽管欧洲人将珍珠作为奢华的象征，但是这些珍珠却像马赛族女性的项圈那样，一层层地堆叠在脖子上，而且照片的背景也下意识地运用了非洲黏土的赤褐色。这张照片采用一种相对含蓄的方式，通过一个白人女性来表现被粉饰了的黑人维纳斯。这也许正是美国艺术家和评论家洛林·奥格雷迪想表达的观点。

这里的重点是，《*Paper*》杂志上这张声名狼藉的照片并不是金·卡戴珊本人所作，而是出自让-保罗·古德之手，这张照片实际上是对他早年间一张摄影作品的翻拍。

那张原始照片被称为“香槟事件”，收录在他于1982年出版的《丛林热》(*Jungle Fever*)一书中。照片里，黑人模特卡罗琳·博蒙特摆出相同的姿势。(古德非常擅于以同样的造型拍摄人物肖像，以突出她们的身体姿态。)这两张照片直接以萨尔特杰·巴尔特曼为原型，以突出这位“霍屯督维纳斯”异于常人的种族化身体特征为目的进行拍摄。

不难看出，古德就像20世纪的高更——一个在女性身体中寻找灵感的欧洲男人，对他来说，这些女性是拥有罕见特征的异类，是他以维纳斯为原型和从男性视角拍摄的绝佳对象。正如罗宾·科斯特·刘易斯在《纽约客》中所说：“从罗马时期开始，我们就一直在不断地更换雕像，却始终玩着同一款令人目眩神迷的游戏。”

历史上，黑人女性的身体要么被用来衬托白种人的美貌，要么被用来表达鄙夷的态度。女性艺术家一直在主张将黑人女性身体从这些艺术和历史的刻板印象中解放出来。20世纪90年代，非裔美国艺术家蕾妮·考克斯把自己装扮成“霍屯督维纳斯”的样子拍摄了一张照片，以批判和扭转经典艺术作品和艺术创作者对黑人女性身体的偏见。2017年2月，碧昂丝也做出了类似的举动，她在个人主页和照片墙上发布了一组照片来宣布自己怀孕的消息。这些照片由艺术家埃利兹库拍摄，作为艺术史专业的毕业生，他让碧昂丝摆出西方艺术史上常见的维纳斯造型，包括“害羞的维纳斯”和“斜倚的女郎”等，并将所有镜头都聚焦在她有孕的身体上。

碧昂丝所模仿的“害羞的维纳斯”不禁让人立即联想到《克尼多斯的阿佛洛狄忒》以及波提切利的《维纳斯的诞生》。只不过照片里既没有地中海的海滨，也没有温柔的海风将女神从海浪中央推到岸边。相反，碧昂斯所呈现的西方女神形象结合了非洲王后纳芙蒂蒂的半身像和约鲁巴孕育之神的图腾，创造出一种混杂的象征意义，表现了非洲散居部落和西方殖民主义之间难解难分的纠葛。

照片中，碧昂丝并没有像波提切利的维纳斯那样从冰冷的海水中走出来，而是出现在一片郁郁葱葱的热带植物背景前，就好似从泥土里开出的娇艳花朵一般，填补了维纳斯身体里明显缺失的孕育和绽放的寓意。她也没有因为担心身体裸露而羞赧地遮住私处，而是骄傲地向我们展示着她那隆起的腹部。

碧昂丝将这组照片命名为《三颗心脏》，意为体内孕育的双胞胎的两颗心脏随着母亲的一起跳动，并且随着照片发布了一首同名诗歌，这首诗由出生于肯尼亚的索马里裔英国作家瓦尔桑·希尔所作，诗中希尔将碧昂丝称作“黑人维纳斯”。在碧昂丝和希尔对西方文化寓意的重新组合中，维纳斯是黑色的，且攸关女性的生育主题，这正是已完全定型的“神圣的维纳斯”形象中所缺失的两大要素。

这些照片和我们之前讨论的艺术史上任何一幅维纳斯的肖像一样，都代表着抱负和身份地位。碧昂丝甚至借鉴了非洲王后的形象，彰显出一派王者气度，似乎她就是某个王国的领袖，而她腹中的孩子将来会承袭她的王位。一直以来，维纳斯的经典原型始终将非洲审美排除在高雅文化的范畴之外，而碧昂丝则让自己直接置身于这一经典原型之中，并向人们宣告她的地位。这也体现了设计师的重要性。碧昂丝并没有像很多寂寂无闻的女性那样，任由自己的身体被艺术家的画笔和赞助人的欲望塑造成维纳斯，她是自己形象的设计师，由自己决定该以怎样的方式将身体展现给观众。照片凸显了她性感的魅力和曼妙的身材，向看客传递着她体内蕴含的巨大能量，甚至连她的面部表情都包含着一种警告：可以远观，但不可亵玩。

当我们清楚地认识到“害羞的维纳斯”身体中隐藏的羞耻感以及那些呈躺卧姿态的维纳斯身上体现出的种族和性别权力话语[①]，我们不禁会感叹碧昂丝的这些照片有着多么颠覆性的力量，尤其是在当下，当美丽和性感依然是女性在分享身体

① 权力话语（Power Discourse）是指权力拥有的话语，即强权或威权的力量操控和运作的话语。——译者注

图片时的最终遴选标准，决定着她们已经拥有的和将被赋予的权利时，这股力量显得尤为强大。

现在我们已经知道，当人们自觉或不自觉地借鉴维纳斯的传统形象时，都会以卧室和床单为背景，并摆出斜倚女郎的姿势。因此由艺术家黛布拉·卡特赖特创作的大型绘画系列作品“黑人女子休憩图”，就从另一个角度与维纳斯扯上了关系。在其中一幅名为《德里卡的洛杉矶小屋》(*Derica's LA Loft*)的作品中，一位身穿豹纹衬衫的黑人女子优雅地躺在沙发床上，她弯曲一条手臂，用手支撑着额头，另一只手轻轻放在饮料罐上。从屋内的光线可以看出，这是一个温暖的午后，德里卡正在享受着无拘无束的午休时光。尽管身为观众的我们可以如此近距离地窥探她，但德里卡却轻阖双目，拒绝与我们有任何目光接触。维纳斯的本质特征主要是源于她迎合了观众的窥视，但小憩中的这个女子却中断了这种交流，剥夺了观众通过欣赏裸体女性刻意卖弄风情所获得的满足感。黛布拉·卡特赖特通过“黑人女子休憩图”巧妙地削弱了维纳斯传统形象的权力话语，不同于碧昂丝所设计的美艳、性感造型，它将休息和放松作为女权主义行为的根本表现方式。

奥德雷·洛德①在她第二次确诊癌症后写了一本书《光的爆发》(*A Burst of Light*)，她在书中将自我护理的能力描述为一种激进的女权主义反抗行为。“照顾自己不等于自我享乐，”她写

① 奥德雷·洛德是美国作家、女权主义者、图书管理员和民权活动家。她自称是“黑人、女同性恋者、母亲、战士、诗人”，反对种族主义、性别主义、阶级主义、资本主义、异性恋主义和同性恋恐惧症等。作为一名诗人，她用她的诗作表达了她对社会不公正现象的愤慨。——译者注

道，“这是一种自我保护，是一种政治斗争行为。”在人类历史上，黑人，尤其是黑人女性，一贯是被剥削的廉价劳动力，因此这种自我保护的主张尤为必要。其实卡特赖特的作品也在表达这一主张。这是一个普遍现象——在父权制下的资本主义社会，所有女性都被要求先照顾他人，再关注自己，并且还要同时保持“维纳斯式”的外表（先榨干女性身上所有的金钱和时间，再打着“纵容”或“自我时间”的幌子施舍她们，甚至对十几岁的女孩也是如此）。这个世界不但对女性的外表有严苛的标准，还要求她们具备更高的生产力。女性不但在生活中要承担照料家人的重担，在工作中也要比男性加倍努力才能获得微薄的报酬，因此，选择休息便成为一种反抗的政治姿态。

卡特赖特笔下的女性在属于自己的空间休息——《德里卡的洛杉矶小屋》这个标题暗示了德里卡的经济能力和社会地位足以为她提供舒适的居所。这些维纳斯（如果我们可以这样称呼她们的话）反映了她们作为女性自身的社会地位（而不是她们的主人兼观赏者的社会地位），表达了她们的愉悦，以及她们在工作中得到休息的权利，不管这项工作是保持“维纳斯式”的形象，还是作为男性凝视的客体，抑或是其他什么工作。

为了改变社会对女性外表的期望，其他女性艺术家们也用更颓丧、邋遢或病态的女性身体形象来取代那些美艳不可方物的维纳斯形象。美国女权主义艺术家汉娜·威尔克在1992年至1993年间创作的系列作品《走进维纳斯》（*Intra—Venus*）中，用照片、绘画和视频的形式记录了她在淋巴癌的病痛折磨下逐渐衰败的身体，以及治疗对她身体造成的损害。这是威尔克最后一次凭借作品表达的反抗，它打破了人们对维纳斯完

黛布拉・卡特赖特,《德里卡的洛杉矶小屋》2020年，罗斯-萨顿画廊收藏，由艺术家本人提供。

美身体的幻想。纵观威尔克的整个职业生涯，她始终致力于通过作品呼吁人们关注这样一个事实：这个社会总是鼓励女性按照杂志和广告中精心设计的维纳斯形象来表现她们的女性特质。（说来很讽刺，因为威尔克面容姣好，身材完美，因此20世纪70年代的女权主义者们称她为“自恋狂”，认为她是在利用她迷人的裸体来批判那些体现女性气质的完美女神形象。）

《走进维纳斯》是她最后的反击。威尔克躺在医院病床的雪白床单上（而不是诱人的闺房躺椅上），模仿着艺术作品和情色作品中的海报美女与斜倚女郎，摆出精心设计的挑逗姿态。但是这位维纳斯头发稀疏，身体松垂，伤口缠着绷带，让人意识到她做过骨髓移植手术，而且命不久矣。她向我们展示了即使是一个病态、濒死的身体，仍然在本能地为男性凝视与期许而表演，这真是一种既可悲又荒谬的行为。在威尔克的照片中，是外科医生，而不是“大刀玛丽”，割开了她的身体。但从某种意义上来说，玛丽·理查森对《洛克比维纳斯》的破坏和威尔克的照片都指向了同一个问题：它们揭开了覆盖在维纳斯形象上的伪装，让我们意识到这些形象实际上是通过将女性的身体变成表演性的艺术品来掩盖她们身体的真实状态，并试图阻挡它们终将变老和衰败的必然规律。

有时候，我们会在不经意间发现一些反维纳斯的作品，它们或许就在某个不起眼的角落，静静地等待着我们。比如，法国印象派艺术家伊娃·冈萨雷斯于1876年创作的《觉醒的女人》(*Woman Awakening*)，就是一幅低调又激进的画作。当你看到这幅画作时，你可能不会立即联想到“激进”这个词语：一个漂亮的女子躺在雪白干净的床单上，身边的紫丁香花瓶和圆鼓鼓的枕头都表明这是上流社会才有的家庭生活。就19世纪的法国艺术而言，这幅画像是颠覆性的，因为它仅仅描绘了一个躺在床上的女人——既没有提到性，也没有提到维纳斯。和黛布拉·卡特赖特笔下的休息中的女性一样，这个女人不取悦任何人。她在清晨柔和的晨晖中舒舒服服地醒来，手里拿着一本她想要读的书。作为观众，我们看不到她躺卧着的身体是何等美丽，也不清楚她的内心究竟在想些什么。洁白的枕头将她的红唇和黑发衬托得格外明艳动人，我们的目光不觉为之吸引，随之落在她周围的白色床单上。这幅画刻画了闲适的女性，是深深地陶醉在自我身体状态和内心世界里的、有着独立思想的个体。换句话说，她所代表的正是维纳斯阻止我们成为的一切。

第二章

母亲

Chapter 2

Mothers

我家门前街道的尽头有一座公园，古老的埃夫拉河就在公园下方缓缓流淌。除了这条以它的古怪名字命名的街道之外，人们对这条河几乎一无所知。它被牢牢地压在城市脚下，河水只能以不寻常的方式偶尔迂回地面，与这座城市的规划格格不入。这个街心公园称不上热闹，里面既没有熙熙攘攘的人群，也没有精心打理的花坛，反而带着一种孤独、空虚，有时甚至是忧郁的美感。公园的游乐场附近有一摊黑乎乎、漂着油渍的小池塘，这里便成了一群被遗弃的鸭子和聒噪的黑水鸡的栖身之所。每当遇到暴风雨和强降雨，地下河道的水就会溢出地面，或在草丛中积聚成水洼，或从草皮下涌出，这时，湿滑的地面会让人们想起下面有这么一条河。白天，偶有遛狗或打网球的人从公园的干道上穿行而过，但大部分时间里，这里都是一些推着婴儿车、神情疲惫的女人。和埃夫拉河一样，她们的自我也被埋没了，没人能看到隐藏在她们外表之下的内心究竟是暗流汹涌还是静若止水，或许她们内心的水流也在等待落雨时冲出河道的那一刻。

游乐场有一个向北眺望城市天际线的绝佳位置，从这里可以看到地平线上一大片银色塔楼，那里是忙碌的写字楼和繁华的商圈。在冬日午后半明半暗的阳光下，塔楼在地平线上闪烁着红白交错的灯光，看起来就像是科幻世界里的火箭发射器，不过，它们的名字听上去更像玩具店：“小黄瓜”“对讲机”“奶酪刨”[①]。这是丈夫工作的地方，也是这些女人曾经工作的地

① “小黄瓜”“对讲机”“奶酪刨”分别是伦敦的三座摩天大楼的名字，都因其独特的外形而得名，成为伦敦市的地标性建筑。——译者注

方，如今她们不得不暂时放下手头的工作，带着内疚或愉悦的心情离职回家照顾孩子，整日与冰激凌车、松鼠和眼泪为伍。

我站在这里，机械地推着秋千上的孩子、擦着他的鼻涕，尽量让自己不去看手机，在心里计划着孩子们睡着后我要写的东西。我也会常常看着地平线上的城市，想起艺术家贝尔特·莫里索。19世纪80年代，莫里索生活在巴黎艺术中心，但由于身为女性，她也总是被边缘化。这种既身在其中又被排除在外的焦虑感在她的艺术生涯中表现得尤为明显。直到1897年，也就是莫里索去世两年后，国立艺术学校巴黎美术学院才开始正式接收女性学员。莫里索出身于高级中产阶级家庭，她的社会地位能够让她在父母的允准下接受私人艺术培训，她与画家爱德华·马奈的弟弟欧仁·马奈的婚姻也为她打开了艺术世界的大门，让她有机会去创作和展示绘画作品，即便如此，她还是受到了诸多限制。作为一个女人，莫里索不能只身在城市里徜徉以寻找现代生活的灵感；她不能整个下午都坐在杜伊勒里宫里，用画笔描摹往来的人群，也不能像个偷窥狂一样在歌剧院和芭蕾舞团的后台流连。她不能一整天独自坐在城市的咖啡馆里，看着那些流浪汉痛饮苦艾酒，也不能细细观察洗衣女工们如何在滚滚蒸汽中损伤了她们的关节。身为女子，她必须恪守社会礼教，这就意味着她不得不身处城市生活的边缘，被禁锢在郊区的宅邸之中，因此她的目光和艺术主题只能定格在妇女与儿童的世界。

正因如此，她的作品往往并不为世人所看重，人们将之定义为“讨喜的女性作品”，实际上这委婉地表达了“既赏心悦目又不威胁男性艺术家”之意。但是，在色彩淡雅的墙面和轻

贝尔特・莫里索,《画家的姐姐在窗边》, 1869年, 艾尔莎・梅隆・布鲁斯收藏, 由华盛顿国家美术馆提供。

如蝉翼的衣物共同渲染出的柔和氛围之下，我在莫里索的作品中还看到了焦虑和不安。她的画作经常会用门框将室内和外部空间分隔开来，让窗户和阳台处于画面的中心，再将人物置于其中。她的内心似乎也思索着该如何打破这些界限：在织线松散、色彩缤纷的画布上，她总会将女性的轮廓融入厚厚的植绒布里，淡化人物的内在特征与外在表现之间的界限，体现了在她平静外表之下汹涌的个人意识。莫里索的作品有时是不完整的，有着看似随手画就的椭圆轮廓、残缺的细节、松散的笔触，她也因此被称为"不完整的天使"，尽管那个时代的评论家授予她这一头衔时不见得是出于赞誉之意。

莫里索的作品是一种错位的艺术——与城市、自我、环境的错位——这种错位让女性经历的所有烦恼和沮丧都浮出水面。但在艺术史上，人们并非完全将她视为激进的存在主义者。

在莫里索的眼中，中产阶级母亲是那些整日穿着厚重的衣服，过着空虚的生活，自恋和无聊得令人窒息的女人。1869年，她为姐姐埃德玛·庞蒂隆创作了一幅肖像画，名为《画家的姐姐在窗边》(*The Artist's Sister at a Window*)，画中是一间舒适、豪华的中产阶级房间，埃德玛坐在窗前，宽大的白色晨礼服遮住了她因怀孕而变得臃肿的身体。初夏的暖风轻轻吹拂过窗棂，街对面的房子里，两位邻居正在阳台上俯身交谈，也可能是在观赏下面的街景。尽管莫里索使用了印象派的绘画手法，但我们仍然可以从画中人物的身形上看到一种豪迈和自信，这表明他们很可能是男人。尽管男性的凝视和夏日的清风都可以从窗外的世界溜进来，可埃德玛依然只属于这个沉闷的房间。她虽然面对着街道，却低垂着眼睑，将脚轻轻地抵在阳台的门槛上，这座城市和她的居所就此分隔开来。她似乎被身上那件满是褶皱的白色连衣裙压弯了身子，而腹中孕育的胎儿也代表着另一种形式的监禁，房间里的母亲和未出生的婴儿就像两个以不同的方式被关押着的囚犯。

仅仅通过这幅画，我们并不知道其实埃德玛最近刚刚放弃了自己的艺术事业——这是她嫁给海军军官后必须做出的牺牲——因为与周围环境完全脱节，她的沮丧是显而易见的，她目光低垂，不安地摆弄着膝头的折扇。贝尔特·莫里索那时尚未结婚，可以自由地全身心投入她的绘画中，但她一定也深切地感受到了姐姐的失落。这两姐妹在富裕的家庭中长大，有开明的父母支持，接受了专业艺术培训，其所受的教育远远超出了她们这个阶层大多数年轻女孩。尽管当时人们对女性接受艺术家专业训练持鄙夷态度，甚至连她们的绘画导师约瑟夫·吉沙尔也警告她们说，对于中上层阶级的女性而言，成为画家即使不是灾难性的选择，也必将是一场革命。

三年后，莫里索再次以姐姐为模特创作了《阳台上的女人和小孩》(*Woman and Child on a Balcony*)，画像里，埃德玛和小女儿珍妮伏在阳台的栏杆上，一起远眺巴黎的全景。远处的荣军院高高地耸立在城市的第七区，金色的穹顶在烟雾笼罩的淡紫色的天空下熠熠生辉。荣军院是为纪念法国军事历史而建造的，是一座包括纪念碑和博物馆在内的综合性建筑，也是绝对的男性象征。这意味着这里既没有任何女性机构，也看不到任何象征女性的标志。埃德玛落寞的身影表现了一个囿于城郊寂静、乏味生活的特权阶级女性，她将终身被禁锢在女性的“专属区域”，远离人群，无法获得应有的荣誉。孩子透过栏杆可怜兮兮地凝望着外面的世界，就像一只被关在笼子里的宠物。母亲的脸则怅然若失地扭到一旁，尽量不去看那些无法企及的事物。

在莫里索的所有作品中，我最喜欢的一幅是她在1873年（她结婚的前一年）创作的《捉迷藏》（*Hide and Seek*）。一位母亲正带着孩子在郊外的田野间嬉戏，这个地方不论是景色还是感觉都和我家街口的公园有几分相似。尽管是在户外，莫里索仍然用绿色横纹在地上画出朦胧的界限，和近处的树篱以及远处的地平线一起营造出一种封闭感。看着这两个身影聚拢在这张青翠色的网罩之中，我不禁回想起自己照顾孩子时那些既幸福又无聊的漫长时光，想起远处那座公园里曾经上演的那些虚无缥缈却又历历在目的过往。

在小女孩和她的母亲之间，有一棵墨绿得近乎黑色的树，它使得母女俩身上笼罩着的明媚和暖的田园薄雾显出了一丝阴霾和忧郁。那棵树让我很不舒服，它的叶子和枝干太黑了，轮廓也极其模糊，就好像流动的木炭，随时有可能渗到她们的衣服上。它又像一团颤抖的黑云，盘踞在小女孩的头顶，暗示着一些无法言表、不能控制的东西。

贝尔特·莫里索所描绘的母亲形象揭露了“圣母和圣婴”完美原型的破绽——在无数虔诚的基督教徒的心中，圣母玛利亚所诠释的母性是神圣不朽的，她甘于自我牺牲和屈服顺从，且不具备任何性特征。而莫里索打破了这种标准，将母亲在育儿过程中的情绪波动和矛盾心理都呈现于画布之上，使看似简单的家庭关系充满了纠结、不安等复杂内心活动。自公元431年的以弗所会议确定玛利亚为基督之母，以及公元5世纪出现第一幅圣母玛利亚的肖像画以来，这还是第一次有人摘下了她的伪装面具。早期的基督教艺术将玛利亚置于金光闪闪的马赛克镶嵌画中，她的身体被遮盖在层层堆叠的蓝色衣物之下，只露出脸庞或者一只乳房。从15世纪早期开始，玛利亚逐渐演变成后来为人所熟知的美丽端庄的经典欧洲女性形象。身为人母，她承担着来自身体和情感的双重压力，却依然能够表现得镇定自若，专心致志地照看着膝上、胸前或怀里的男婴。人们认为这种女性和婴孩形象象征着“圣母和圣婴”，而玛利亚和维纳斯一样，应该是绘画史上最具权威性和最常被模仿的女性原型了。

如果我们不确定身为母亲应该具备哪些要素，只需参考一下基督教画像中的圣母原型即可，她的身上负担着不计其数的责任，足以令人发狂。玛利亚在十几岁时便成了母亲，她的儿子成年后被人杀害。这位来自加利里的温顺女子像天使一般，给那些绝望无助和贫贱卑微的人带来慰藉。玛利亚是教会的化身，是人类和灵界之间的代祷者，是基督的新妇。她始终保持着毫不抱怨、逆来顺受和缄默少语的高尚品德。画像中的玛利亚从未有过衰老和迟暮的迹象[她的样貌在耶稣出生时和去世时（33年后）完全相同]，永驻的青春不仅象征着她的天真无邪，也意味着她被免除了原罪[①]。玛利亚并不是母亲安娜通过自然受孕的，而是奇迹般地孕育在了安娜的子宫里，所以她身上没有从亚当和夏娃那里延续下来的原罪，也没有他们偷吃禁果时的叛

① 原罪（original sin）是基督教基本教义之一，也是基督教神学伦理学中的重要概念。基督教认为，人类始祖亚当和夏娃因被蛇引诱，违背上帝的命令，吃了伊甸园的禁果，这一罪行遂传给他们的子孙后代，成为人类与生俱来的原始罪过，并是人类一切罪恶与灾难的根源，即原罪。——译者注

逆。这些描述都是比较抽象的神学术语，但它们却实实在在地影响了当今社会女性的身份认同。因为玛利亚的形象塑造了西方人对母亲的认知，这一形象已经从宗教领域跨越到了现实生活的视觉文化中，这意味着母亲的“外在表现”仍然能够体现她们的“优秀品质”。

基督教艺术往往以非常具象的方式来强调玛利亚的纯净与圣洁。她的画像中经常会出现诸如洁净的镜子一类的视觉道具，用来表现她的完美无瑕、全无道德“污点”。同时，镜子也代表了玛利亚在基督教艺术中起到的女性典范的作用，能够反衬出其他女性与其对比之下的不足之处。玛利亚身体的隐秘和贞洁之美还表现在一系列被称为“封闭花园”的画作中。在这些画像中，玛利亚往往被禁锢在一个四面有围墙的院子里，与外界完全隔绝——与阳台上莫里索的姐姐和孩子并无二致。“封闭花园”一词源自拉丁文《圣经》中的颂歌，也被称为《雅歌》(*Song of Songs*)或《所罗门之歌》(*Song of Solomon*)。“我妹子，我新妇，乃是关锁的园，禁闭的井，封闭的泉源。”

但是，“封闭花园”除了象征着将玛利亚与外界隔绝开来，不被世俗染指以外，还有一个生物政治学①上的意义。在花园以外的世界里，人类肆意地释放着原始天性(和女性的身体)，而在院墙之内，这些天性得到了教养和驯化。玛利亚的身体被视为“禁闭的井，封闭的泉源”，这一点让我感到很不安。它意味着某些东西在沉寂中被默默地腐蚀了，就好像一条无声中被

① 生物政治学是生物学与政治学相结合产生的新兴交叉学科。主要研究生物因素对政治行为的影响、生命科学与政治科学的关系及其本质和发展规律。——译者注

阻断的河流。每当我想起祖母那一代人时，也会生出同样的恐惧，她们因产后抑郁而服用药物，试图用那些令人作呕的药片来堵住混乱情绪的发泄口。

我们越是了解圣母玛利亚身上的这种寓意，就越会觉得她纯粹得过于骇人。于我们而言，完美的母亲就是一个为了激发生命而被迫催肥的花园，她身上所有的活力和生气都被压制了。在玛利亚笔挺僵硬的外表下，是一个密封着的身体，只有母乳和眼泪可以从里面流出。它象征着玛利亚仅有的两个角色：在耶稣婴儿时期哺育其成长，在他成人之后哀悼其死亡。在玛利亚履行了孕育和哺乳的神圣职责后，我们就很少见到这位母亲了，她再次出现时，是在十字架下悲痛欲绝地哀悼着儿子的死亡。

玛利亚是一个被迫受孕的女孩（圣灵的职责），在她尚未有机会体验性生活之前，就被剥夺了享受性爱的机会。生下耶稣之后，她的子宫也完成了使命，她便再未生育。她是贞洁顺从的母亲，是纯洁的天使，既不会被岁月摧残，也不会被性爱玷污。但是，和维纳斯一样，美丽而仁慈的玛利亚只不过是人造的符号，而非真实的人类。正如哲学家朱莉娅·克里斯蒂娃所说："她是一个身体完全空虚的女人，人们通过她来传达父权世界的信息。"

圣母玛利亚是古希腊和古罗马的母神之一，对应的是贞洁和生育女神阿尔忒弥斯与狄安娜[①]。但在早期的文化象征和

① 阿尔忒弥斯是万神之王宙斯和暗夜女神勒托的女儿，是古希腊神话中的狩猎女神、月神。《圣经》中将其翻译为"亚底米"，她也是罗马神话中的月亮女神狄安娜。——译者注

故事中，母亲的身体并不是这样的。在5000多年前美索不达米亚南部的苏美尔人的宗教中，生育女神是一座用尸体堆成的山，被称为“宁胡尔萨格”。她的象征符号类似于现在希腊字母中的“欧米伽（Ω）”——这个符号现在意味着终结，但在当时象征着开放的子宫，以及生命和死亡在其中的流入与流出。此外，生育女神还有提亚玛特，她是古巴比伦宗教中的创世原始女神，是孕育生命的咸海的化身。生育女神是万物之初的深渊，被称为“万物之原”或“乌姆-胡布”。母亲的身体在成为一个封闭的泉源和封闭的花园之前，是一种无穷无尽、不可思议的力量，它并不是为上帝服务的——它本身就是上帝。

正如我们一眼就能认出“害羞的维纳斯”的姿势是女性魅力的视觉表达一样，反复出现的圣母和圣婴形象已经深深植根在我们的集体意识中，成为母亲的标准。玛利亚在我们心目中如同一朵娇羞艳丽的玫瑰，任何背离这种形象的绘画都会招致强烈的反对。例如，查尔斯·狄更斯就曾猛烈抨击过约翰·埃弗里特·米莱于1849年创作的《耶稣在他父母家里》（*Christ in the House of his Parents*），指责他将圣母丑化成了“堕落的玛利亚”。还有克里斯·奥菲利[①]的《圣母玛利亚》（*The Holy Virgin Mary*，1996年），这是一幅金色闪光背景下的黑人圣母像，而且用圆形的大象粪便当作底座。这幅画作于1999年在布鲁克林博物馆展出时，曾将当时的纽约市市长鲁迪·朱利安尼和保守的当权派惹得勃然大怒。

① 克里斯·奥菲利出生于1968年，是英国青年艺术家群体（YBAs）的成员之一。他以创作尼日利亚风格的艺术作品闻名，虽然身为特纳奖的得主，却一直饱受争议。——译者注

虽然人们所熟知的圣母和圣婴形象最初只是基督教宗教信仰的核心，但在18世纪和19世纪，这位母亲无比贞洁和顺从的视觉形象也渗透在世俗的女性肖像中。英国维多利亚时期的艺术家弗兰克·S. 伊士曼的《小睡一觉》（*A Little Sleep*，1906年）色调温暖明媚，画面熠熠生辉，风格类似于中世纪的宗教圣像。画中描绘了一位不知姓名的母亲，她梳着长长的辫子，穿着一件当时流行的厚重天鹅绒连衣裙。她低头看着膝上的婴儿，苍白的脸上有温顺平和之气，似乎除了孩子之外再没有任何值得她关注的事物。她身后的墙上挂着一个硕大的装饰性铜盘，看起来就像一个巨大的光环，两侧高大的盆栽植物将这位女子围在了中间，让人不由想起了“封闭的花园”。这幅画给人以平静和亲切之感，但其色调却沉闷得近乎阴森，让人联想到教堂里充满焚香气味和虔诚祷告声的潮湿角落，或是葬礼上的会客厅。

圣母玛利亚这一参照标准，从宗教形象扩展到了世俗形象，它将维多利亚和爱德华时期的母亲与妻子普遍神圣化，希望她们能够在生活中不惜一切代价遵循圣母的品行和道德标准。诸如伊士曼的《小睡一觉》等作品直接借鉴了圣母和圣婴的原型，隐晦地强调了那个时代所推崇的女性美德，即在守护贞洁的同时能够保持温柔、顺从，并强化了女性生来就应被禁锢于家庭生活，而男性则理应是公共和职业领域主导者的观念。这种在现实世界中被神化了的母亲形象也被赋予一个广为人知的名字——“家中天使”，这个名字源自英国作家考文垂·帕特莫尔于1854年发表的一首同名诗歌，表达了人们对完美母亲形象的幻想。

这首诗是帕特莫尔写给爱妻的颂词，在维多利亚时代的英国和19世纪的美国，这位妻子对丈夫的温柔顺从以及对家庭的自我牺牲成为所有妻子和母亲的文化典范（事实上，当时的社会鼓励所有女性都立志成为“家中天使”，不论年龄，也不管是否生育）。帕特莫尔的诗赞颂了一个完美得不可思议的女人，她有着虔诚和顺从的性格与天使般的面庞，“她的快乐……在于取悦家人”。在人们看来，“家中天使”不需要任何食物、睡眠和自我时间，她唯一要做的事情就是满足其他人的需求。作为其他妻子和母亲效仿的典范，她丝毫没有现实生活中母亲在照料家庭和孩子时身体上与精神上遭受的打击和痛苦。

这个“天使”也是女性创造力的宿敌，因为她首先要去照顾他人的感受，而她自身的想法和需求的表达变得无关紧要。想要保持理想中的母亲形象，就必须要抑制她们的想象力和创造力，否定女性艺术家与作家的诉求与意愿，特别是在她们对不公平待遇提出疑问的时候。1942年，弗吉尼亚·伍尔夫发表了《女性的职业》（Professions for Women）一文，文中描写了天使是如何在这个光芒万丈的家中利用她的期望困扰她的。这位天使“从来没有自己的想法或愿望，却总是乐于支持他人的想法和愿望”。伍尔夫在写作时看到天使翅翼的影子落在了她的书桌上，于是就将它杀死了。这样一来，她终于可以让自己的想象力如流水一般无拘无束地遨游，如她所述：“找到了池塘、深渊和黑暗之地，大鱼就在那里深眠。”

伍尔夫在杀死天使的同时，也毁灭了自己的母亲形象，因为那个年代的许多人都将她的母亲视为19世纪“家中天使”的完美化身。（考文垂·帕特莫尔甚至还曾赠予她一本个人诗集的签名版。）她的母亲名叫朱莉娅·斯蒂芬，拉斐尔前派[①]画家爱德华·伯恩-琼斯在他的《天使报喜》(The Annunciation)一画中，将她美化成冷漠、苍白的年轻的圣母玛利亚形象。她的姑妈、摄影师朱莉娅·玛格丽特·卡梅伦也为她拍摄了很多幽怨娴静、粉雕玉琢的照片。在这些照片里，她看起来更像是个幽灵，乳白色的眼睛冷冷地凝视着前方(象征着极致的美丽)。她的丈夫莱斯利·斯蒂芬，也就是弗吉尼亚·伍尔夫的父亲，认为他的妻子完全可以与神话中的圣母玛利亚相媲美：作为一个女人，“她的美似乎暗含着，或者说几乎确实包含着灵魂之美、优雅之美、高贵之美和温柔之美”。

1895年，朱莉娅·斯蒂芬和艺术家贝尔特·莫里索相继离世，我不禁觉得莫里索画作中的女性像极了“家中天使”，她们看似温柔美丽，却被禁锢在深深的沉默和忧郁之中。在弗吉尼亚·伍尔夫摆脱母亲的影响之前，莫里索就已经在探索那些隐藏在女性脆弱而美丽的外表之下的意识暗流了。她笔下的女性轮廓虚浮，在画面中显得犹疑不决，飘忽不定的笔触让她们看起来忽近忽远，一时浮于画布之上，一时又隐于其下。

沉默的圣母玛利亚以及随之衍生的“家中天使”并没有在19世纪末消亡，反而在20世纪和21世纪的广告与商业形象中得以延续，比如身着白色婚纱的圣洁新娘。这些经久不衰的文化形象塑造了社会对女性的期望。

在1949年的一期《新娘》(Bride's)杂志的封面上，一位敛心默祷的女子隐在白色蕾丝纱幔之下，只露出侧脸。她用手肘撑

① 拉斐尔前派成立于1848年，是由诗人、艺术家、艺术批评家组成的英国文化团体。团体不满僵化的学院艺术，反对以拉斐尔为代表的文艺复兴艺术家制定的各种法则，提倡到文艺复兴之前的“原始画家”的作品中寻找灵感。——译者注

《新娘》杂志封面，1949—1950年秋冬季刊，由《新娘》杂志提供。

起双臂，身上带着虔诚的光环，看起来像是跪在婴儿床前虔心祝祷的圣母玛利亚，或是刚刚进入教堂见习修道的基督新妇。她身下的梳妆椅也像是教堂里的圣坛或长椅，梳妆台上的那瓶花则呼应了玛利亚画像里的花卉符号，二者将照片中的新娘围在中间，轻纱笼罩下只能瞥见她的侧影。

这张照片完美呈现了“二战”后备受美国人民推崇的白色婚礼的幻想，大众对于围绕着这一新娘的神圣形象展开的幻想喜闻乐见。虽然圣母玛利亚和天使的谕旨已经被写进婚礼的传统誓言中——新娘要承诺爱戴、尊重和服从丈夫，但时尚礼仪依然规定新娘要身穿白色婚纱，用此外在表现来象征她们的纯洁无瑕。

20世纪40年代末，白色婚礼产业得到了蓬勃发展。因为“二战”期间，新一代的年轻女性获得了解放，她们有机会摆脱家庭生活的束缚，自食其力，而社会却希望她们回归到传统妻子的从属角色中去，也就是说，家庭中需要一大批耐心、顺从、甘于自我牺牲的天使。而圣洁的新娘形象是将她们送回家庭角色的第一步。

到了21世纪，婴儿产品，特别是配方奶粉，也在广告中引用了圣母和圣婴的神圣形象。品牌商通过模仿这些宗教绘画作品来营销商品，借用几个世纪以来基督教圣母的道德标准来宣传“好母亲”在喂养婴儿时应该作何选择。1935年雀巢公司的一则广告将这种联系体现得淋漓尽致。它刻意模仿了一幅意大利文艺复兴时期拉斐尔风格的画作，借鉴了这位意大利艺术大师笔下温顺谦和的圣母形象，并给了她一瓶配方奶来喂养抱在膝上的婴儿。图片底部的标题写着“拉斐尔眼中的母爱”，雀巢的商标跃然其上。

75年后，婴儿配方奶粉品牌仍然在消费圣母和圣婴的原型。在2010年的一则爱他美的广告中，一位母亲低着头，耐心、专注地凝视着胸前的男婴，下巴搁在他柔软的头发上。这幅图片经过了精心的剪裁，画面中只有母亲和婴儿的头部以及上半身，他们在黑灰色调的背景中散发出柔和的微光，给人一种“烛光照耀着祭坛上的圣像”之感。

配方奶粉商家本来可以用更易于理解的方式来推销他们的产品：它可以让母亲摆脱作为嗷嗷待哺的婴儿唯一营养来源的负担，为哺乳有困难的女性或吮吸有问题的婴儿提供绝佳的替代品，或者让精疲力竭的母亲获得片刻喘息。但是，一直以来推销奶粉的广告却始终借用基督教圣母玛利亚的视觉语言来宣传最高尚、最可敬的母亲该如何喂养婴儿。

既是如此，那我们再来谈谈广告的重要性。在古代社会，人们能接触到的图像普遍都源自宗教信仰，而如今，潮水般的广告图片在各种媒体上肆虐传播（根据2019年的调查，我们每天看到的广告多达5000条[10]），向人们传递着它们所承载的信息。广告不仅鼓励消费者购买产品和服务，还通过传递身份特征等相关信息来影响和塑造他们的行为。文学评论家米哈伊尔·巴赫金将这一过程称为“意识形态表演”，认为品牌商精心设计和肆意操纵身份特征，然后再将其作为社会群体中自我形象的默认标准灌输给我们。然而，那些宣传中所谓的主流和正确的身份特征，它所排斥的群体要远远大于其服务的群体。从文艺复兴时期的圣坛画像到当代的广告作品，无需仔细观察，我们就可以发现这些完美母亲形象主要都是白种人。

2018年，服装公司盖璞（Gap）发布了一张黑人母亲哺乳的广告图片，在互联网上迅速走红。这则广告是盖璞为“Love by Gap Body”系列产品拍摄的，照片中尼日利亚模特阿道拉·阿库比洛正在给她20个月大的儿子阿林泽日常哺乳。在素净和安宁的背景下，婴儿侧着脸看向镜头，母亲则低着头，温柔地抱着他，这些画面让人很难不将其与随处可见的圣母和圣婴的形象联系起来。

该品牌借助我们对母亲形象根深蒂固的认知，将其作为一种美德符号，暗示穿盖璞服装的母亲是合格的母亲。尽管有人批评这则广告有投机取巧之嫌，但是它让人们在艺术和广告中看到一位黑人女性，并让她毫不违和地取代了传统的白人母亲的位置，弥补了黑人母亲正面形象缺失的问题，这在任何领域都是一次创举。它的影响也辐射到了现实生活中。一位名为A. 罗尚·梅多斯–费尔南德斯的活动家在《华盛顿邮报》（*Washington Post*）上发表文章称，黑人女性哺乳的正面主流形象的缺失对她自己的生活产生了不利的影响，并对盖璞广告敢于打破固有的母亲形象的做法深表赞同。[11]

尽管以当代标准来看，盖璞的广告是具开创性的，但它并不是西方艺术中首张关于黑人母亲哺乳的图片。早在1931年，德国画家、激进社会主义者恩斯特·诺伊舒尔就创作了一幅名为《黑人母亲》（*Black Mother*）的画作。画像中，一名穿着时髦的黑人女子坐在一张长椅上，从她身后青翠的背景中可以看出她应该是在一座公园里。画面中她正托着一只乳房给她膝上的孩子哺乳，孩子在大口地吮吸着乳汁。母亲和孩子都以一种自信坦然的目光直视着画面外的观众，这与传统的母乳喂养形象（不论是宗教还是商业广告）中女性温顺、羞涩的表现截然不同。

这幅画不仅让一个被边缘化的女性身体成为构图的中心（当时德国6500万人口中只有2.4万名非裔成员，且他们大部分来自德国的殖民地），而且还直指关于母乳喂养的社会焦虑和阶级偏见问题。在20世纪30年代，人们认为体面的女性是不应该在户外公共场合进行哺乳的（当今世界上的许多地方依然如此），这很大程度上是因为从很久以前开始，富有的家庭通常都会雇用农村的贫穷妇女来给孩子哺乳，于这些妇女而言，当奶妈是轻松赚钱的两个渠道之一。

但诺伊舒尔笔下的黑人母亲并不是受雇的奶妈，她膝上的孩子应该是她自己的（因为这一时期的德国黑人家庭不大可能雇用奶妈）。诺伊舒尔也没有像19世纪艺术中常见的那样，将哺乳女性粗俗地性化或将社会底层女性的哺乳行为恋物化。相反，她以自信的黑人母亲形象向我们表达了哺乳行为既不是为了表现母亲的美德，也不是为了区分社会阶级和特权——这种表达在我们日常生活中并不多见。

19世纪，黑人奴隶妇女为了喂养白人主人的子女而被迫与自己的骨肉分离，从某种意义上来说，《黑人母亲》是对这些妇女被剥夺的母性体验的一种挑衅和矫正。西方艺术中传统的圣母与圣婴形象让母亲的角色伟大而神圣，却将黑人母亲排除在外，诺伊舒尔的这幅鲜为人知的画作颠覆了这一切，揭示了种族、阶级和母性之间纷繁复杂的关联。

如果说在《圣母与圣婴》的视觉体系中，黑人母亲基本不被视为理想母亲的标准，那么她们在西方文化中最常见的身份究竟是什么？她们的一个经典身份就是种族主义漫画中的“黑嬷嬷”，这是一个不带性别特征、快乐得有点反常的角色。

从好莱坞经典影片《飘》(*Gone with the Wind*)中的角色(由哈蒂·麦克丹尼尔饰演)到诸如杰迈玛阿姨的松饼粉之类消费品的广告，在美国的视觉文化里，“黑嬷嬷”都以一种温柔的形象出现。在她们的白人主人家里，这些嬷嬷除了要做家务之外，还要替代白人奴隶主承担作为母亲的一切体力和情感劳动(包括哺乳和照料白人孩子们)。她们经常被刻画成温顺、忠诚的形象，这种刻板印象助长了白人对黑人女性的剥削行为(这和我们在前一章中看到的“黑人维纳斯”并无不同)，人们把她们变成安慰和怀旧的象征，却丝毫不提她们被劳役剥削和骨肉分离的事实。

虽然“黑嬷嬷”这一形象如今已逐渐消失在人们的视野里，但在当代主流媒体中，黑人母亲的主要形象之一依旧是“悲伤的母亲”，她们的儿子因国家批准的暴力行动或警察的暴力执法而丧生。这些痛失爱子的黑人母亲已经成为种族暴力创伤和悲剧的代名词，频频出现在国际新闻报道和社会正义运动的照片中。

2020年夏天，明尼阿波利斯警方杀害乔治·弗洛伊德的事件在社会上引起轩然大波，重新点燃了大规模的“黑人的命也是命”抗议活动[12]。艺术家泰特斯·卡帕尔的摄影作品以圣母与圣婴为素材，解读了黑人所受到的伤害，这幅照片登上了美国《时代》(*Time*)杂志的封面。在卡帕尔的照片中，一名黑人妇女紧紧地抱着一个婴儿形状的留白空间，眉头紧锁，双眼紧闭，承受着巨大的痛苦。她站在房间里的一扇窗前，透过窗户可以看到外面的风景。[13]这个姿势直接呼应了文艺复兴时期的圣母玛利亚肖像，玛利亚抱着她的儿子，神情凄凉，目光阴郁，因为她预见到儿子成年后的死亡。在《时代》杂志封面的这张图片上，母亲头上的一条黑色发带取代了传统的玛利亚头顶的光环，室内与窗外风景相结合的构图方式则模仿了文艺复兴时期画作的常见背景，意指为家庭奉献。它还与基督教艺术中描绘耶稣母子的另一个传统视觉原型相呼应，那就是“圣母怜子”，意大利语为Pietà，取其“怜悯”之意，这一原型表现了玛利亚在儿子受难后哀伤地抱着他残破尸体的画面。（其中最著名的作品之一是米开朗琪罗的《圣母怜子》，于1498年至1499年在罗马圣彼得大教堂用纯白色大理石雕刻而成。）

卡帕尔的封面照让我们看到了身为母亲在当前和未来要面临的伤痛——画面中缺失的婴儿不仅代表着这位母亲因孩子已不在人世而悲痛欲绝，也意味着所有黑人母亲所能预见的悲伤，因为以往的统计数据清楚地表明，她们的孩子比白人孩子更有可能成为各种形式的种族歧视的受害者。封面的红色边框里还罗列了近几十年来遭受警方暴行的黑人受难者的名字，以示纪念。

卡帕尔这张伤感的照片借用“圣母怜子”的形象来描述暴力执法给黑人带来的伤害，与当代艺术对圣母的刻画一脉相承，它尤其得到了有色人种女性艺术家的认同。比如蕾妮·考克斯，在她拍摄的照片《母亲的哀悼》（*Yo Mama's Pietà*，1996年）中，米开朗琪罗著名雕塑中的两位白人主角被替换成黑人母亲（艺术家本人）和仰卧在她膝上的成年黑人男子。2013年，碧昂丝以黑人少年特雷沃恩·马丁遭到警察杀害这一事件为背景，制作了音乐视频《我的》（*Mine*），视频中也直接使用了考克斯的照片。此外，碧昂丝在她2019年的视觉专辑*Lemonade*的歌曲《复活》（*Resurrection*）中以几名承受着丧子之痛的黑人母亲为代表，再一次提及这位悲伤的基督教艺术之母。视频中，几位黑人母亲将儿子在警察暴力行为中丧生的照片举在胸前。她们分别是特雷沃恩·马丁的母亲塞布莱纳·富尔顿、迈克尔·布朗的母亲莱兹利·麦克斯帕登以及埃里克·加纳的母亲格温·卡尔。[14]

黑人女权主义学者帕特里夏·希尔·柯林斯和芭芭拉·克里斯蒂安注意到："黑人母亲被过度地神圣化，以至于人们将母亲在日常生活中的自我牺牲视为天经地义的事情。"[15]我也想知道，通过这一传统原型来安抚黑人母亲所受的种族创伤是否会让其恐怖的真相变得过于"轻松"和易于接受，以至于我们心中不会泛起任何涟漪，甚至将它视为命中注定之事。

如今，基督教艺术中的经典圣母玛利亚形象仍然与我们的文化产生着共鸣，只不过这一原型在黑人和白人母亲身上出现了两极分化：白人母亲的形象展现出一种遥不可及的美德，而黑人母亲的形象则大多与无尽的悲伤有关。

将黑人母亲的主要角色定义为"丧子的哀悼者"也掩饰了一些排斥和威胁她们的行为——如果说她们的儿子是种族偏见之下有目共睹的受害者，那么她们自己就是被忽视的受害者。比如黑人女性在怀孕、分娩或产后的死亡率要远高于白人女性，在美国，这个数字比白人女性的超出3倍，在英国则超出5倍。[16]

另一个值得关注的问题是，这一原型只强调和哀悼了"儿子"的损失，而对黑人母亲哀悼被警方误杀的女儿的事件仍然讳莫如深。这种公众认知的缺失促进了2014年美国社会运动"说出她的名字"的发展，该运动旨在修正公众对警察暴行受害者主体是黑人男性的认知。让“说出她的名字”的活动人士为之抗争的女性受害者包括塔尼莎·安德森，一位患有躁郁症的黑人女性，她在家人报警后，因精神焦躁不安抗拒进入警车而被击毙；还有伊薇特·史密斯，武装警察接到家庭骚乱的投诉来到她家，在她开门时将其杀害。

像她们这样的人还有很多，但在艺术史和宗教的规范语言中并没有让她们或她们的母亲名传后世的形象。也许要找到合适的形象来表达母亲失去黑人女儿的悲痛并不容易，因为我们的视觉文化中不曾有过因不公正待遇而牺牲的女性身体原型。（下一章将讲到，我们对受难女性的视觉语言大多是从她们的痛苦和死亡中捕捉美感，将其描绘，而不是描绘其遭受的非正义行为。）这一点之所以很重要，是因为我们现有的艺术原型和视觉语言依然决定着我们所能看到的，以及我们认为重要的、有价值和有意义的东西。

尽管从贝尔特·莫里索到碧昂丝等诸多艺术家都揭示了母亲形象背后的政治性和复杂性，但当代社会对于母亲的主流描述大多仍然是将其经历简单地划分为“伤子之痛”和“道德之美”这两类。她们往往要么是身负重担、压抑痛苦的女性，比如《祖国》（*Motherland*）或《坏妈妈》（*Bad Moms*）中的人物，这些后女权主义电视和电影喜剧中的人物有时被称为“贫民窟妈妈”；要么是社交媒体上完美到极致的“辣妈”，代表着像圣母玛利亚一样高不可攀的理想典范，美丽、温顺且富有自我牺牲精神。

让我们先来看看那些疲惫不堪、濒临崩溃的女性，她们是20世纪末和21世纪初电影与电视作品中的标准母亲原型。喜剧中一些频繁出现的搞笑情节已经变成调侃母亲忙乱生活的固定套路。举一些常见的例子：在母亲永远也做不完的任务清单里，总会有社会风险极高的学校活动或烘焙练习；她们总会摊上一个懒惰或缺席的伴侣；去参加重要会议的路上，咖啡必然会洒在制服上；故事主线必定是要在卧病在床的孩子和利害攸关的工作之间做出选择。虽然这些反复出现的荒诞情节能够让观众在对比之下倍感自己生活的轻松与和谐，但它们也认可了当前的育儿和产假制度在情感上与职场上给女性带来的压力。

表面上来看，“坏妈妈”的刻板印象反映了产后抑郁、性欲受挫和职场性别歧视给女性带来的压力，以及生活施加在女性身上的不切实际的期望和沉重的负担。但实际上，这个角色的喜剧价值被无限放大，最终只沦为哗众取宠的笑柄。这一原型让母亲的集体创伤变得稀松平常，如此一来，一些白人中产阶级女性对公平育儿权利的主张就显得过于矫情，这也反映出无情的父权社会制度阻止女性拥有一切。此外，这些喜剧通常只聚焦在个别女性群体的挫败生活上，却很少去关注那些替重返职场的白人女性承担育儿责任的母亲：她们把自己的孩子留给保姆照看，却要去承担那些“超级妈妈”的家务劳动，好让那些妈妈有时间在充满性别歧视的职场中继续打拼。

与之相反，辣妈们往往没有工作，即使有，那也是用来彰显身份地位、宣传生活方式和营销消费品牌的工作。她们是光鲜亮丽的“妈咪博主”，其令人艳羡、精心规划的生活方式似乎不受任何身体、经济和情感条件的限制。她们在网络领域（妈妈圈）尤为活跃，堪称21世纪母亲的理想范本，就像是“家中的天使”。

这些极具网络影响力的“妈咪博主”备受各大品牌商青睐，推销大多数妈妈消费不起的服装、体验和生活方式。她们对身材的管理十分严格，还会定期美黑，凭借自身的魅力将母亲变成消费者群体——其成功的衡量标准在于出自大牌设计师之手的妈咪袋、婴儿背带、婴儿车和婴儿床。而且她们具备超强的影响力,《大西洋月刊》(*The Atlantic*)最近的一篇文章公开了一个名为“妈妈营销”的闭门会议的内容，该内容显示，美国母亲每年在育儿产品上的总花费高达2万亿美元。[17]在欧洲，德国有着“婴儿消费品”(包括尿布、婴儿车、婴儿食品和相关配件与家具)的最大市场，市场价值达到17.6亿欧元，紧随其后的是法国。[18]

一旦你了解那些致力于将初为人母的体验商品化的品牌，就不会对它们取得这样的销量感到惊奇了。比如Artipoppe，一个由知名设计师设计的婴儿背带品牌，其主打的婴儿背带售价约为300英镑，而Zeitgeist的丝绸和天鹅绒款式产品更是高达471英镑(这比英国三周的法定生育津贴还要多)。在该品牌网站上的宣传图片里，一名性感奢华的无名女子以时尚而阴郁的圣母玛利亚的形象出现。尽管图片中的母亲和孩子看起来都有些闷闷不乐，但她们确实既富有又漂亮，而且就母亲而言，她很苗条(和社交媒体上那些背着Artipoppe的明星一样)，这张照片试图告诉我们，外在属性可以比快乐更重要。

在另外一张广告照片里，一位打扮时髦、容光焕发的母亲在昏暗、陈设简单的房间里显得尤为引人注目。她穿着一件红色的垂褶夹克，巧妙地呼应了基督画像中穿着朴素的圣母玛利亚。虽然没有玛利亚的光环，但母亲和孩子身旁悬挂着的金色星星状装饰物在昏暗的背景中熠熠生辉，暗示着对他们的祝福。但与圣母玛利亚或“家中天使”的肖像相比，这是另一种祝福。这对母子受到祝福，是因为他们有充裕的财富和强大的消费能力；因为母亲挣脱了疲惫的枷锁，负担得起面部护理和产科护士的费用，也能享受安稳的睡眠；因为他们已经脱离了混乱无序的育儿生活。

以下是该品牌对其时尚背带的评价：“Artipoppe婴儿背带能帮助你保持身份、展示自信、展现美丽，并向全世界宣告，你在意的不仅有你的宝宝，还有你自己和他人……你需要和他们保持亲密，让自己保持美丽。”这一评价将展现美丽视为在意孩子、自己和他人的一种表现，这让我想起了被操控的圣母玛利亚形象，画像中的她要永远保持美丽，因为她外表的美丽也代表着她内在的美德、仁慈和怜悯。

但是，假如我们不再要求母亲们光鲜亮丽，不再鼓励她们购物，不再给成功的母亲贴上富裕、苗条和时尚的标签，而是去欣赏那些描绘母亲其他特征的图片，尽管这些特征目前几乎被完全无视，那么一切都将有所不同。

虽然艺术史、广告和网络文化上母亲的照片比比皆是，但关于分娩的画面始终是一个盲区。分娩意味着从一个身体中产生新的身体，是新的意识和身份的开始，也是所有人人生经历的共同起点。然而，同样作为严肃的艺术主题，性爱、死亡和战争这些主题要比分娩更加令人着迷，对比之下，分娩就显得可怕、禁忌和下流，根本不值一提。和“封闭的花园”截然相反，它是泉水的爆发，是喷泉的涌流。

1970年，瑞典艺术家莫妮卡·舍厄在康沃尔郡的圣艾夫斯市政厅展出了她的油画《上帝分娩》(*God Giving Birth*, 1968年)。这幅

安娜·范·登·博格特，Artipoppe品牌广告，2020年，由安娜·范·登·博格特提供。

油画描绘了一位有色人种女性缓缓诞下婴儿的场景，其灵感来自她在家中分娩时非常愉悦的个人经历。它的背景是一片暗黑虚空的宇宙，有天体悬浮在其中，暗示着创世的神话，而她浑圆的乳房和头部与行星的圆形图案交相呼应，象征着诞生新生命的身体与宇宙中的星体融为一体。毫无疑问，在舍厄的宇宙中，上帝是一位女性。

这幅画刚安装好，圣艾夫斯市的市长就以亵渎神明为由下令将其撤下。在几年后伦敦的展览中，舍厄再次险些因淫秽和亵渎神明罪被告上法庭。这可能是因为她将上帝描绘成有色人种女性，而非白人男性；也可能是因为这个分娩的身体看起来像个可怖的双头怪物；还可能是因为在我们的认知中，分娩应该是私密的，不应成为大众的消遣。也许在我们看来，分娩是一种痛苦和虚弱的生理行为，因此上帝分娩会破坏其在我们心目中全知全能的形象。

在这幅作品问世的40年之后，也就是2008年，另一张颇具争议的分娩照片在伦敦的“分娩仪式”系列作品展中展出。和舍厄的油画一样，这张照片遭到多次审查。它就是赫敏·威尔特希尔的一幅名为《分娩中狂喜的特蕾莎》(*Therese in Ecstatic Childbirth*)的摄影作品。这位艺术家(经许可)使用了“激进助产士”——伊娜·梅·加斯金所拍摄的一张纪实照片，伊娜·梅·加斯金是一位女性保健业从业人员，她在工作中致力于倡导积极分娩体验以及给予女性更多自主权。威尔特希尔发现参加国家生育信托基金会产前课程的女性往往不会对分娩行为引以为荣，也不愿意拍摄照片，她们担心这样做会给自己带来伤害，于是她想找一张能够展示另一种观点的照片来反驳“分娩总是痛苦的”这一大众认知。（虽然分娩肯定是高风险事件，但积极分娩体验的倡导者一直在尝试改变人们的观念，让女性相信分娩不仅仅只是一种紧急医疗事件。）

威尔特希尔的照片毫无保留地展示了人们在日常生活中看不到的画面：一个在快乐而非痛苦中分娩的身体。特蕾莎仰面躺在柔软的垫子上，欣喜地咧嘴大笑着准备分娩。这里没有托腿架，没有医疗器械，没有穿着手术服的医生，没有流血，没有创伤，也没有疼痛。然而，即便是在专门收藏分娩艺术作品的教学医院，即便模拟分娩是这里助产士的常规学习内容，这张照片也很难得以展示在公众面前，因为它可能引起“过于震惊”，甚至是“色情”的反应。

2019年，我在伦敦筹办的一次展览中展出了这张照片，想看看人们如何下意识地将这件作品与性行为联系起来。[19]尽管答案一目了然，但我还是很想知道我们是否过于草率地给这一作品贴上了色情的标签，毕竟不计其数的照片都告诉我们，女性体验身体的快感必须永远或者只能是在男性凝视的色情场面下。而对我来说，特蕾莎狂喜的身体有一种鼓舞人心的力量，不仅因为它让分娩变得意想不到的愉悦，还因为它让我们以一种罕见的方式来看待女性的身体。这张照片之所以激进是因为它推翻了父权社会既定的女性分娩方案，即让她们躺在医院病床上，脚放在托腿架上，绝大多数（至少从古至今大多数时候）孕妇由男性医生接生。而且，它和圣母玛利亚完全不同，玛利亚的身体和快乐都被隐藏与包裹在了严肃的外表之下。

女权主义哲学家埃莱娜·西苏将照片中特蕾莎的经历描述为“欢爽”，这是一个没有对等英文翻译的法语术语，它超越了物质世界，表达了一种精神上的喜不自胜和感官上的极度享受。对西苏来说，女性的欢爽是政治性的，因为传统的视觉形象和文化作品都没有赋予它存在的空间——毕竟，女性不应该拥有与男性无关的极度快感体验。许多女性因为声音太大、太开心、太性感，甚至是一些莫名其妙的缘由而被审查，女性往往也会反复自我审查，审查自己的思想和感情，审查自己的快乐体验。

如果我们停下来想一想，就会发现母亲原型让母亲感受到的唯一极度体验就是极度的痛苦——无论是丧子之痛，还是分娩之痛（就像在电影中常见的女性痛苦的分娩场景一样）。就算我们真的能看到母亲愉悦体验的画面，这种愉悦也往往聚焦在婴儿身上，是由婴儿带来的，也就是说，愉悦可以源自母亲身体以外的任何地方。

在父权制幻想中，母亲是被压抑的，但是人们又需要母亲形象来满足男性的幻想，于是，就出现了“熟女”一词，它很好地印证了这种传统的矛盾——这个标签从色情作品跨越到主流文学，将既性感迷人又身为人母的女性归于此类，似乎这是一种难以并存的反常现象。“熟女”代表了母亲的身份与维纳斯的性消遣身份的交叠。这个词在流行文化中被广泛采纳，但其起源可以追溯到1999年的电影《美国派》（*American Pie*）。在这部电影中有一位被称为“斯蒂夫勒的妈妈”（由女演员詹妮弗·柯立芝饰演）的角色，她与儿子的“小鲜肉”朋友在毕业前就勾搭在了一起。被称为“某人的妈妈”，说明她除了母亲之外没有其他个人身份。在流行文化中，柯立芝到现在仍被称为“第一熟女”。她和电影《毕业生》（*The Graduate*）中的罗宾逊太太一样，既是一位母亲，也是一个失意的家庭主妇，她们存在的唯一价值就是促进年轻男主人公的性发育。2003年，美国摇滚乐队“韦恩喷泉”凭借热门单曲《史黛西的妈妈》(*Stacy's Mom*)获得了格莱美奖，这首歌是对另一位“熟女”，确切来讲，是对创作者女友的母亲的青春颂词，表达了作曲者本人对她的迷恋。由此看来，这部由蕾切尔·亨特主演的音乐视频作品也是一部将母亲“性客体化”的视觉散文。

对“熟女”的讨论有时会引发关于性表达和性取向的棘手问题——从表面上看，这个词的流行表明目前我们已经摆脱了圣母玛利亚和“家中天使”形象象征的严苛的贞洁观。另一方面，如果你在照片墙(不断更新的人类学研究实时数据库)上搜索“熟女”，你会发现这一标签下有许多不同类型的图片，从性感的品牌泳装到大胆的软色情等，图片不胜枚举。从这些照片中你可以明显看出，想要成为“熟女”需要做大量的功课，包括产后的身体塑形、化妆、皮肤护理等，只有做足了各项准备工作，才能让妈妈重新回到怀孕前的维纳斯状态。

我们再来看一个流行文化的例子。2016年，菲姬在单曲《M.I.L.F. $》的音乐视频中将女性的性特征塑造成一系列男性幻想中的经典形象，并对其进行了近乎滑稽的模仿。据歌手本人解释，这首歌是为了解放女性而创作的。其演员阵容包括歌手本人和娱乐圈内的众多当红明星，每个人都扮演了一个俗套的性感角色。菲姬更是身着一系列撩人的装扮出现，从身体柔韧的瑜伽兔女郎，到戴着厚框眼镜、穿着紧身裙的迷人女教师，再到复古餐厅的俏皮服务生。

从表面上看，该视频是为了改变人们对母乳喂养的看法，鼓励母亲在性行为和经济上独立于男性。尽管我对此初衷深表赞赏，但我觉得这种表现方式不够清晰有效，因为它从男性凝视的角度，突出了女性乳房的性客体化特征。

这段视频的自相矛盾之处在于，它名义上是为了洗刷母乳喂养的污名，但似乎又告诉我们女性的乳房和身体永远只能是性特征的表现：除了在视频的开场片段中转瞬即逝的克丽茜·泰根哺乳的画面，实际上我们没有看到任何展现哺乳功能的乳房。因此，该视频必然反映了一个讽刺的事实：以真正母乳喂养为主题的音乐视频是不大可能存在于世的，因为它很可能会遭到审查。

“熟女”是伪装之下的维纳斯，人们将这个标签强加在母亲身上，而母亲真正复杂的性身份却很少在流行文化或艺术中被提及。在古根海姆美术馆的纽约作品集中，收录了一幅凯瑟琳·奥佩的《自画像/喂奶》(*Self Portrait/Nursing*, 2004年)。她用一幅母亲画像颠覆了异性恋眼中母亲的标准形象。很明显，这张照片也借鉴了基督教圣母与圣婴的原型，奥佩将自己描绘成一位正在哺乳的母亲，但是这位母亲刻着文身、乳房下垂，不论从艺术史还是广告史的角度，这都不符合当代社会对母亲的审美标准，从而阻碍了由来已久的男性凝视。奥佩的肖像摒弃了传统的女性特征，她留着短发，素面朝天，大胆地展现出一位男性化的母亲形象。

从大量的产品、营销和产后塑形训练可以看出，那些仅为满足男性欲望而存在的母亲形象千方百计地将母亲变回维纳斯式的“熟女”。而奥佩的画像与之形成了鲜明的对比，尽管它已被纳入美国艺术史的经典作品，并在所罗门·R. 古根海姆美术馆[①]的收藏品中占有一席之地，但关于非二元性别母亲、非生物学母亲和变性母亲的画像仍然凤毛麟角。[②]

在伦敦边缘的这座公园里，天空渐渐变成了脏兮兮的颜色。沿着一条紧挨铁路的长满青草的小径，我走在回家的路上，野花肆意地盛开在随处丢弃的巧克力包装纸和生锈的家用电器周围，散发着五彩缤纷的欢乐气息。一旦踏进院门，我的世界里就只剩下无穷无尽的劳作和杂事：清洗、打扫、洗衣、整理、烹饪、擦拭、安抚，只能利用孩子们睡着后或他们被精彩纷呈的电视节目吸引住的间隙做一点其他的事情，却什么事也做不好。跨过这道隔绝了郊外广阔天地的门槛，我能感觉到一阵阵无声的悸动：成堆未分类的待洗衣物缓缓地爬上楼梯，饼干的碎末悄悄地钻进地毯，沙发上的垫子和其他物件一起偷偷地滑向地板。房子里所有的东西都在松动、移动或者蠕动，没有一刻停歇。

和我的处境截然相反，17世纪荷兰室内情景绘画作品所展现的家庭氛围却是一片宁静平和，母亲和孩子们在密不透风的室内空间维持着幸福的家庭秩序。在彼得·德·霍赫的一幅名为《室内的女人与小孩》(*Woman With Children in an Interior*)的画作中，柔和的阳光从窗户透进来，投射在壁炉里零星的橙红色火苗上，整个房间都被染成了宁静的琥珀色，含蓄地展示着荷兰

① 所罗门·R. 古根海姆美术馆是一座位于纽约市曼哈顿上东城的现代美术馆，成立于1937年。是古根海姆基金会名下几间美术馆之中最著名的一间，而且通常简称古根海姆美术馆，是纽约市最著名的美术馆之一。——译者注

② 非二元性别是指那些超越传统意义上对男性或女性的二元划分、不单纯属于男性或女性的自我性别认同。——译者注

在与其他国家进行贸易后所获得的财富。一位母亲抱着一个温顺的婴儿坐在窗户和壁炉之间，另一个孩子则乖巧地坐在壁炉旁，安静地喂着一只宠物狗。这个孩子是她母亲的映射，她用喂狗的行为模仿母亲的哺乳工作——暗示着终有一天她也会承担起母亲的职责。从地板上的瓷砖到窗户上的玻璃，再到壁炉架的顶罩，画面中所有家具的表面都以整洁的几何形状和重复的图案加强了秩序感与分类感，将两位女性巧妙地分隔开来。房间里没有一丝杂乱和多余之物，甚至连影子都一尘不染，暗示着母亲为了保持家中的整洁付出的毫不起眼却无休无止的劳作。

对于严格遵守加尔文主义的荷兰共和国来说，家庭环境被视为国家道德的缩影。干净整洁是虔诚和克制的表现，因此，像霍赫这样的室内绘画，其整洁的边界、合理的角度和质朴的外表都从微观层面表现了荷兰共和国的美德。正统的加尔文主义对宗教形象的管理非常严苛，因此与圣母玛利亚相关的母亲的美德只能通过其他方式得以再现。为了表现母亲的贞洁和顺从，艺术家们在作品中想方设法以其他形式模仿甚至取代圣母玛利亚的形象。

在霍赫的画作里，我们可以清楚地看到，穿着红裙子的母亲正在平静而专注地哺乳膝上的婴儿。和其他画像中贤惠的家庭妇女一样，她被禁锢在由各种图案组成的房间里，她们和封闭花园中的玛利亚一样，都展示了一个合格妻子应有的美德。

长期以来，人们一直将其视为家庭妇女脱离公共生活的证据，但在最近，人们对大量荷兰家庭生活绘画重新进行了诠释，发现这些形象实际上是人们有意为之的，之所以营造一种

彼得·德·霍赫,《室内的女人与小孩》，加利福尼亚州，1658—1660，旧金山美术博物馆，塞缪尔·H. 克雷斯基金会的赠品。摄影：兰迪·多德森。图片由旧金山美术博物馆提供。

安逸宁静的理想家庭氛围，是为了安抚那些长期在海上漂泊的丈夫，让他们在想家时能够想起这样一幅温馨的画面。这些形象宣扬了贤惠的妻子在稳定富足的家庭（也象征着安定繁荣的荷兰共和国）中的核心地位。但对这些女性来说，现实生活可能要远比画面中所展现的混乱繁杂，它伴随着随时可能出现的各种疫病、经济匮乏和独自抚养孩子的问题。[20]

这种对家庭和女性的理想愿景也体现在我们当代对家庭妇女生活的描述中，比如在缤趣（Pinterest）分享区①、社交媒体账户、烹饪书籍，以及诸多“居家明星”分享的照片中。这些高度程式化的照片和它们的荷兰妇女原型一样，脱离了现实，将“家”的概念升华为展现家庭生活和女性美德的舞台。这些图片将当代女性的富有和成功定义为闪闪发光的配饰、时髦的衣服（穿着时髦的孩子）和豪华家居装饰。现代家庭中的女性形象既不是高洁的圣母玛利亚，也不是贞洁勤劳的荷兰家庭主妇，而是这两种象征意义的结合体，这种女性形象形成了当代西方母亲的理想典范。

在对安宁平和的家庭生活的表现手法和构图方式上，17世纪的荷兰绘画与当代的摄影作品有着明显的异曲同工之处。比如霍赫的画作，特别是《储藏室里的女人与小孩》（*Woman with a Child in a Pantry*），与室内装饰网站“My Domaine”上摄影师詹娜·佩夫利对美国模特兼演员、博主丹尼斯·瓦西的“史诗般的大理石厨房”的“偷窥之作”。[21]

---

① 缤趣是受到用户热捧的图片社交平台，它采用瀑布流的形式展现图片内容，无需用户翻页，新的图片不断自动加载在页面底端，让用户不断地发现新的图片。——译者注

首先，这两幅作品中所有的家具都一尘不染，带着一丝不苟的整洁。德·霍赫的画作和佩夫利的照片一样，构图中的所有线条，不管是地板或是瓷砖，厨房橱柜或是操作台面，都将我们的目光聚焦在母亲身上，将她作为室内场景的中轴线。照片里，丹尼斯·瓦西正递给女儿一个桃子，这与荷兰画作中壁炉台上的水果遥相呼应。母亲和女儿刻意穿着质朴的衣服（但实际上出自知名设计师之手），看起来就像两个玩偶，让人回想起17世纪朴实的风格，她们象征着本真和质朴的美德。一尘不染的服饰将她们的外表衬托得天使一般端庄，瓦西的头发在脑后梳成一个完美的发髻，看起来就像荷兰画作中整洁的妻子形象。整个画面几乎都是纯白色——没有任何阴影、黑暗和含糊。

和霍赫的画作一样，瓦西“壮观的大理石厨房”的洁净也体现了照片中女性的美德。但是，在霍赫的画作中，极度整洁的室内环境象征着母亲的质朴和勤劳，而在这张体现当代生活方式的照片中，这些传统的美德符号却变成富裕和成功的象征，并通过照片中的一系列其他象征符号加以强化。例如，霍赫的画像中并没有任何身外之物，而瓦西的大理石厨房则暗示着充裕的财富——书架上整齐摆放着的食谱中，有一本的标题恰好呼应了这一点——《丰富》（*Plenty*）。还有装满水果的果盘和旁边的奶昔机，这些都是特权阶层才能享受的奢侈而“质朴”的生活方式。

人们认为，那些知名母亲的成功之处体现在她们能够（至少在表面上）克服多少现实生活中脏乱、艰辛和繁杂的育儿与家务难题。我们可以从诸多荷兰绘画作品中看出，女性的劳作和贞洁维系了家庭和国家的正常运转，而现代的照片则将女性能够从现实育儿工作中解脱出来描绘成一种个人财富的象征。因为在新自由主义的父权世界里，衡量女人成功的标准不是她作为母亲取得了多少成就，而是她能够摆脱多少家务劳动。

但是，我们又忽视了多少母亲的默默付出呢？荷兰黄金时代的绘画展现了整洁温馨的家庭环境，室内装饰博客和杂志也展现了精心修饰的幸福画面，可它们背后又隐藏着哪些不为人知的真相呢？那些上街购物、清扫地板、垃圾分类、清洗衣物的苦差事都是谁完成的呢？

20世纪70年代初，艺术家米尔勒·拉德曼·尤克里斯以此为主题，创作了一系列艺术作品。尤克里斯既是一位艺术家，也是一位母亲，双重身份引发的矛盾让她疲惫不堪，因此她决定将家务和育儿结合起来，作为她艺术表现的主题，让母亲的日常工作成为她的“艺术品”。1969年，她为一项名为“维系艺术”的新型艺术实践写了一份宣言，宣布：“我是一名艺术家，也是一个女人、妻子、母亲……我做了大量的清洗、打扫、烹饪、更换、帮助、保存等工作……现在，我将每天只做这些日常维系的家务，让它们涌入我的意识中，再把它们作为艺术品展出。”

尤克里斯想揭示“发展”和“维系”这两个词之间的差别：“发展”是探索新概念和新想法的创造性实践，是传统意义上男性追求的特权；而“维系”则是“会占用你所有时间”的枯燥又机械的工作。只有在其他人承担起日常生活中的“维系”任务时，比如填满冰箱、准备饭菜、打扫卫生、清理垃圾、清洗衣物和照顾孩子，“发展”才有进行的可能。“维系”曾经是(现在仍然是)专属于女性的工作。

就像莫里索一样，尤克里斯也将家庭生活作为艺术创作的中心。她展示了她作为母亲的日常工作照片，包括洗尿布、铺桌子、洗地板、倒垃圾等日常杂务，以及诸如出门时给孩子穿衣、回家时脱衣这些烦琐又耗时的工作。换句话说，正是这些工作使母亲的身份从最初“发展”的创造者最终沦为“维系”的照料者，并激发了两个角色之间看似互不相容的矛盾。此外，她的照片让我们看到了理想中的完美母亲背后不为人知的辛苦劳作和乏味的生活，也揭露了母亲的实际家务劳动被忽视和低估的事实。

在20世纪50年代末和60年代初，以艾伦·卡普罗为代表的美国前卫艺术家和音乐家们，对日常生活的运转方式产生了浓厚的兴趣，甚至是其中最平凡和最不起眼的行为。卡普罗组织了后来被称为“偶发艺术”[①]的活动，通过观众参与的形式打破了艺术与日常生活以及生活行为与刻意表演之间的界限。“偶发艺术”的概念获得了广泛的社会关注，这一词还被引用到了当代广告中（出现在“至高无上合唱团”的一首歌中，这首歌使卡普罗与他所发起的“偶发艺术”运动划清界限）。但是，同样是从日常生活中发现艺术，尤克里斯的“维系”系列作品却并没有像“偶发艺术”那样获得大众的认可，不论是在学校的艺术史课程中还是在艺术展览的作品选择上，尤克里斯和她的作品都处于边缘地位。2016年，这位75岁高龄的艺术家在一家大型公共机构举办了

---

① “偶发艺术”是行为艺术的前身，主要流行于20世纪50年代末和60年代初。偶发艺术家希望打破艺术和生活的界限，在大多数情况下，“偶发艺术”发生于艺术家选定的日常场合或画廊中，有时需要其他元素的辅助，如灯光、声音和投影等，其中，最重要的是观众的参与，这增加了作品形态的偶然性。因此，“偶发艺术”的每次表演或展示都是独一无二的，它重新定义了艺术的即时性。——译者注

米尔勒·拉德曼·尤克里斯,《出门穿衣/进门脱衣》，1973年。由艺术家本人和罗纳德·费尔德曼美术馆提供，纽约。© 米尔勒·拉德曼·尤克里斯她的首次回顾展，却依然和这一时期的大多数女性艺术家一样，在专业艺术领域之外的世界寂寂无闻。

正如我之前所述，之所以会如此，不仅是因为男性沙文主义艺术排斥女性作品，还因为只有那些在现实社会中被人看重和在意的事物才能成为艺术作品中有意义与有价值的主题。而我们并不认为关于被性别化了的家务劳动的艺术有意义或有价值，因为我们没有对社会中女性所从事的工作给予充分的重视——无论是艺术、育儿、家务，还是任何其他工作。尤克里斯的“维系”艺术除了关注家庭生活对母亲的压迫以外，还关注其他劳动群体，比如那些为了维系我们著名的博物馆和文化殿堂的洁净而默默付出的清洁工人。她认为清洁工的工作和馆长的工作同样重要，但他们却从未获得人们的认可和重视。

尤克里斯的艺术是在20世纪70年代的女性运动以及欧洲和美国呼吁人们关注女性无偿家务劳动运动的背景下出现的。西尔维娅·费德里奇在她的著作《家务劳动报酬》（*Wages Against Housework*，1975年）中指出：“要求家务劳动报酬意味着拒绝让其成为我们的本职义务，因此也就意味着拒绝资本为我们塑造的女性角色。”资本将大多数的家务劳动系缚在女性身上，并让所有从事同等工作的女性工资低于男性。近半个世纪后的今天，我们仍在与这一不平等现象作斗争。《纽约时报》2020年估算，女性无偿劳动所创造的价值高达10.9万亿美元。此外，一份性别薪酬差距报告显示，2020年美国女性的平均工资比男性低约1/5（男性每挣1美元，女性挣81美分）。[22]2020年另一项研究估算，英国所有女性（18—100岁）无偿劳动的总价值高达7000亿英镑。[23]

工人阶级诗人蒂莉·奥尔森在她1972年的文章《我们这个世纪的女性作家：十二个人中只有一个》(*Writers Who Are Women in Our Century: One Out of Twelve*)中，将从事维系工作的女性塑造成了另外一种“不可或缺的天使”。[24]传统上，她们负责所有的家务管理工作，这样男人就可以全身心地投入艺术创作中。她们就像里尔克的未婚妹妹一样“召之即来，挥之即去”。然而，这些“不可或缺的天使”对女性来说很重要——她们还有偿承担了富太太们的维系工作。如此一来，这些富太太就可以专注于如何将自己变得更加“光彩照人”。正是她们的默默劳动，才使得缤趣上出现了那么多光鲜靓丽的家庭母亲。她们常常抛下自己的孩子，去到另一个家庭做代理母亲和维系工作。

和“家中天使”不同，“不可或缺的天使”很少出现在艺术作品中，但贝尔特·莫里索让我们瞥到她的身影。在她1879年的画作《奶妈和朱莉》(*Wet Nurse and Julie*)中，一位妇人平静地坐在乡间草坪上，怀里的婴儿在吮吸着她的乳房。乍看上去，这像是一幅以印象派手法创作的“圣母和圣婴”。但画中的这个女人其实并不是贝尔特·莫里索本人，而是她雇佣的奶妈，这样她就可以从育儿和家务中解脱出来，进行绘画创作。巧合的是，这位奶妈的名字也叫安吉儿(和“天使”发音相同)。对于收入微薄的女性来说，奶妈是一个理想的职业，为莫里索-马奈这样的家庭做奶妈意味着拥有稳定的薪水、华丽的衣服和营养的饮食——她们需要分泌出更多的乳汁来滋养年轻的中产阶级后代。但这里最关键的问题是，要成为一名奶妈就得生孩子，而且必须把这个孩子留在家里，自己则住到别人的家中，去喂养另一个女人的孩子。

埃蒂・韦德,《移居的母亲》系列作品。

这幅莫里索精心描绘的画像实际上是两类女人工作状态的真实写照，一个贩卖自己的乳汁，另一个贩卖关于家庭生活和劳动的画作。但这涉及一个很少被人提及的问题：母亲的工作能力或创造能力很大程度上取决于是否有其他女性代其承担育儿工作。[25]

莫里索作品中所展示的19世纪劳资关系模型，也再次出现在了英国艺术家埃蒂·韦德的《移居的母亲》(*Migrant Mothers*)系列肖像摄影作品(约2014年)中，这些照片记录了那些把孩子留在菲律宾的家中，自己在北方各个国家做保姆和家政服务的妇女。

每张照片上都有一位居住在简陋公寓里的女性，她们手里捧着打开的笔记本电脑，屏幕上显示着她的孩子的电子相片。它向我们展示了母亲和孩子之间遥远的现实距离与必然的虚拟联系。这些照片中的母亲将远方孩子的照片抱在膝上，不禁让人联想起哀伤的玛利亚怀抱她死去的孩子的画面。它们传达着母亲所经受的另一种损失和悲痛——这种损失和悲痛并非来自年轻男性为国捐躯，而是由全球劳务供应链造成的后果。

尤克里斯、莫里索和韦德的艺术作品引发了人们对阶级与性别之间关系的思考，同时也探讨了不同类型的女性的劳动以及她们作为母亲的角色是如何被重视或被否定的，不论是艺术创作的创造性劳动、生育和抚养孩子的生产性劳动，还是照顾他人家庭的报酬性劳动。

终于，一天即将结束。我先后躺在两个孩子的床上，给他们讲故事，陪他们聊天，闻着他们头发上的香甜气息，让他们在多次亲吻和互道爱意之后进入梦乡。此时此刻，我找到了我所渴求的宁静。在他们小小身体的热量和重量的激发下，我的思绪终于可以自由地遨游，穿过黑暗的天花板，描摹着漫天的闪烁繁星。在孩子们入睡后，我常常会在黑暗的卧室里默然逗留良久，然后才离开他们，打开电脑开始工作，在幽静、忧郁的气氛中开始漫长的写作时光。

在我去关楼梯间的灯时，窗户上闪过的模糊身影把我吓了一跳，尽管我很快意识到那是我自己的影子。我的样子在厚玻璃外漆黑广阔的背景映衬下显得光怪陆离，轮廓变得有原来的两倍大，窗户内外的两个影子交叠在一起，却难以重合。透过自己的倒影，我凝视着黑暗里街道另一边的一所房子。透过窗户，我看到那里的厨房水槽上亮着一盏灯，一只飞蛾正在灯泡上盘旋。在楼梯上停留的片刻，我发现我对窗户上看到的这个人影知之甚少，她是母亲、作家、女人、维系工作者、思想家。她不是“封闭的花园”中安详的圣母，也不是光鲜的“辣妈”，更不是“家中天使”(或者熟女)。就像莫里索笔下的女人一样，她的状态是多变的。于我自己而言，她都是一个若隐若现的存在，一个我没有任何照片的人。

第三章

（死亡）少女

Chapter 3

Maidens and Dead Damsels

一位近乎绝望的年轻女子紧紧地抓着一头公牛的犄角，两条丰腴的腿慌乱地挣扎着，试图在公牛的背上保持平衡。她的衣衫尽湿，紧贴着身体。一只伸出的手臂在脸上投下一片阴影，双目因惊恐而变得苍白，犹如两颗闪闪发亮的珍珠。这位年轻女子是欧罗巴，腓尼基西顿国王阿革诺耳的女儿，一位出身高贵的公主。希腊众神之王宙斯对她垂涎已久，为了接近她，宙斯幻化成一头温顺的大白牛，引诱欧罗巴骑上他的背，带着她四处闲逛，最后猛地一下子跳进海里，将她掠走。最终，他在远离公主家乡的克里特岛上登陆，在那里他恢复了宙斯的原身，并强行与公主发生了关系，让她为自己生了三个儿子。宙斯将夜空中的一个星座送给了欧罗巴，这一串钻石般的星星既是她隐忍和辛劳的奖励，也是宙斯厌弃她时的遣散礼物。[①]

提香的这幅《劫掠欧罗巴》(*The Rape of Europa*)充满了感官上的刺激和令人不安的征兆。少女绝望地看着海岸，想向她的朋友和家人求助，但他们很快就消失了，笼罩在一团彩色的迷烟锁雾之中。在青灰色云朵点缀的蔚蓝天空下，几个飞翔的小天使挥舞着手中的弓箭，嘲弄着欧罗巴。他们不是来解救她的，相反，他们是宙斯的帮凶——画面左下方的一个小天使甚至明目张胆地盯着她的双腿，无情地讥笑着欧罗巴的不雅姿态。公牛挥舞着的白色尾巴将小天使的目光直接引向欧罗巴的髋部，也让观众明白了宙斯此时的想法。这条尾巴像一条脐带，预示着这场劫掠

---

① 宙斯对自己此次幻化为公牛的成功劫掠十分满意，便将公牛的形象升上夜空，是为黄道十二星座中的金牛座。——译者注

提香,《劫掠欧罗巴》,1560—1562年，波士顿伊莎贝拉·斯图尔特·加德纳博物馆收藏，布里奇曼图片社提供。

最终将以性暴力导致的生育收场。此外，少女的手中还紧紧地攥着一条深红色的围巾，它看起来像是一条尖叫时伸出的舌头。

这幅画是提香在1560年至1562年间为西班牙国王菲利普二世所作。菲利普二世将自己视为神话中奥林匹亚诸神的直系后裔，并自诩为16世纪的宙斯。他将对神话世界的控制欲直接带到了现实世界扩张帝国的野心上，其主权领土从大半个欧洲延伸到了非洲、大洋洲、亚洲和新大陆地区。提香等艺术家的绘画作品彰显了他的王室霸权和男子气概，帮助他巩固了自己的地位。宙斯和欧罗巴的故事深受像西班牙君主这样的杰出男性喜爱，于他们而言，它反映了王室成员肆无忌惮地追求欲望的特权。这幅画借用古典神话故事来掩盖其中刻意而为的情色内容，不仅让它变成了一幅鼓舞人心的画作，还传达了画作主人在知识领域的权威地位。它让我们反思权力的本质，思考“观看”这一行为本身的力量。

欧罗巴的故事最早出现在公元前8世纪荷马的《伊利亚特》(*Iliad*)中，800年后，罗马诗人奥维德的《变形记》(*The Metamorphoses*)让它变得家喻户晓(尽管这个故事的起源可以追溯到更早的希腊青铜时代)。神话故事和英雄故事中有许多关于强暴的情节，荒淫无度的宙斯经常会出其不意地强行掠走他所中意的女子。这些被玷污的女子往往会以某种方式孕育出受人敬仰的后代。

欧罗巴的遭遇正是如此，在奥维德的《变形记》时期乃至整个文艺复兴时期，欧罗巴都是欧洲大陆之母的象征。[①]米诺

① 希腊神话中，欧罗巴在爱琴海上的克里特岛上无可奈何地做了宙斯的情人，并为他生下三个儿子。为表感激之情，宙斯将这片陆地以她的名字命名为欧罗巴，也就是今天的欧洲。——译者注

斯就是她和宙斯孕育的三个儿子之一，他创立了米诺斯文明，也被称为“欧洲链上的第一环”。这次劫掠行为还附带了其他后果，为世界的发展带来了新的秩序：欧罗巴的兄弟们四处寻找她，在穿越黎凡特、进入地中海和非洲的过程中建立了城镇，并将他们故乡的字母和文字带到了当地。

长久以来，在我们的影像和故事里，少女是一个频繁出现的主角——现身于那些出于娱乐目的或政治目的而制作的影像中（有时两者兼顾）。她们有着年轻柔弱的身体，不论是沉睡、生病、死亡，还是被玷污，几乎所有发生在她们身上的事情都彰显了男性特质或男子气概。

如果少女没有被好色的神灵劫掠和玷污，她的毁灭和死亡会给人以一种审美上的愉悦。她可能会成为宗教绘画中贞洁的殉道者，美丽的身体因残缺而变得更加神圣和美好。她们也可能是我们在绘画作品和戏剧舞台上尽情欣赏的悲剧人物，是遭受爱情打击而变得歇斯底里的少女，比如莎士比亚笔下的朱丽叶，或者是害“相思病”的奥菲莉娅。和她们一样，少女经常会通过自毁或自杀的方式来自我伤害。

少女形象并不局限于高雅艺术和文学领域。她是无声电影中被绑在铁轨上无助尖叫的女人；她是孩子们睡前故事里的落难少女，等待着身穿闪亮盔甲的游侠骑士来拯救；或是陷入昏迷的公主，静候着有人来亲吻、拯救和迎娶。此外，她还是时尚杂志上穿着时髦、眼神空洞的扭曲躯体。

往好里说，这些少女原型将女性的痛苦奉为高贵和美好的事物；往坏里说，它将针对女性的暴力转化为诗歌、宗教或艺术，由此一来，这些行为必然会被历史宽恕，进而促进了这种暴力的正常化。长期以来，绘画和诗歌中少女死去或受损的身体，一直是父权社会探索怜悯和悲哀之情的文化道具；毕竟，埃德加·爱伦·坡也在1846年的一篇文章中承认：“那么，一个美丽女人的死亡，毫无疑问是世界上最富有诗意的话题。”在这篇文章中，我们发现了一种情欲和渴望的混合体——少女的痛苦经常出现在艺术作品中，以满足我们的审美享受和性爱快感。她们的眼泪、焦虑和悲痛甚至融入了当代文化，成为女性为了满足男性凝视而纷纷效仿的典范。

在美术馆的展品中，少女们横陈的玉体随处可见，时尚摄影和广告美化了对她们的性暴力，粉饰了她们的附属地位和绝望处境，并将这种审美传递给大众。与此同时，在当代流行文化对美丽的“忧伤女孩”的追捧下，年轻女性的痛苦变得尤为性感、迷人。莎士比亚笔下和艺术作品中那些自我毁灭的少女形象如今依然出现在女歌手拉娜·德雷的忧郁魅力中，我们的社交媒体中那些“悲伤的女孩”们也用自己伤痕累累、泪迹斑斑的照片来展现她们的魅力与复杂的情感，以博得大众的点赞和认可。

但是，我们在欣赏这些艺术杰作和政治象征（以及社交媒体）中女性受害者逆来顺受的形象时，也会批判现实生活中的女性没有与她们划清界限，指责她们在面对男性暴行时“扮演受害者”，而没有奋力抗争。当女权主义者试图揭露女性对性骚扰等问题的不满时，争论的焦点往往最后会转移到对受害者消极反抗的指责上来。这让我想到，我们喜爱沉默的少女，将她们的经历转化为审美、政治和艺术中冠冕堂皇的表达，但当她们向我们倾诉烦恼，并请求理解时，我们却往往选择视而不见、充耳不闻。

在我们的现实生活中，有大量描绘和美化女性痛苦情绪的影像作品，而反映女性快乐和欲望的图像寥寥无几，似乎都被湮没在历史的长河之中。纵观艺术史，其中鲜有独立地享受自我的女性画像，她们大多要么依附在男性角色之下，要么像维纳斯那样在男性凝视下表演。

在我们的影像文化中，如果说女性的快乐和欲望几乎无迹可寻，那么性暴力则无处不在——以至于在博物馆和美术馆、公共纪念碑，甚至口袋里的硬币上看到这些形象时，我们都感到不足为奇。像提香的《劫掠欧罗巴》这样充满感官刺激的油画，尽管最初是作为精英人士的私人收藏创作的，现在却成为雅俗共赏的主流艺术文化形象，印在手提袋和化妆包上，而那些反对将性暴力正常化或带领我们摆脱顺从少女原型的女性艺术，却始终被排斥在主流文化外，仅仅在前卫的女性主义艺术史书籍和研讨会上才能偶尔一见，毫无影响力可言。

《劫掠欧罗巴》是提香为菲利普二世创作的六幅画像之一。它们的故事前后关联，因此被称为“诗歌”或“视觉诗”。尽管有着庞大的故事框架，提香的这一系列作品明显是为了满足菲利普而创作：这六幅作品在同一个房间里展出，从不同的互补视角（正面、背面、正面3/4的位置）展示了欧罗巴的裸体形象，形成一个春色撩人的立体人形，好让画像的主人浸淫其中，尽情地赏玩。

《劫掠欧罗巴》在波士顿的伊莎贝拉·斯图尔特·加德纳博物馆有一个永久的展位，但就在哈维·韦恩斯坦因多项强奸和性侵罪名被判入狱的那一周，我在伦敦的国家美术馆里看到了它。在西班牙国王的授权下，这幅油画几个世纪以来首次与另外的五幅作品再度结合，被纳入名为《提香：爱情、欲望、死亡》的巡回展览。

在展览开幕前一天的记者预展上，我随着其他记者穿过一个小型前厅，那里的荧光屏幕上介绍着菲利普国王的概况以及他对狩猎和女人的喜爱，并将提香描述为一位精于情色绘画的艺术家。我们穿过前厅，进入展厅，这六幅油画镶嵌在华丽的鎏金画框中，挂在视线水平高度的位置，每一幅都描绘了奥维德《变形记》中的一个精彩故事。在全部六幅画作的二十四个人物中，有十九个画面是女性裸体，而且很多都是少女。除了欧罗巴，还有一幅阿尔戈斯公主达娜厄的画像，她被父亲囚禁在一间地下室里。这时，宙斯前来造访（他的欲望不受墙壁和门锁的限制），并化作一道金雨不请自来地溜进了她的大腿之间。在奥维德的故事里，达娜厄因此受孕，生下了英雄珀尔修斯（后来杀死蛇发女妖美杜莎的英雄）。

珀尔修斯和少女安德洛美达一起出现在另一幅油画中。安德洛美达是一位埃塞俄比亚公主（在这幅画中，她被西化了，带有明显的白种人特征，这在绘画史上极为常见），她的母亲冒犯了海神波塞冬，于是波塞冬将她赤身裸体地绑在一块岩石上，作为祭品献给海怪。安德洛美达的身体像蛇一样扭曲着，一只手臂悬在头顶，另一只手臂优雅却不自在地拧在身后（这个姿势结合了芭蕾和半个尼尔森[①]的动作）。沉重锃亮的金属锁链固定着她雪白的四肢，在她白皙柔软的肉体上显得尤为醒目。她的身体被固定在画面中供人观赏，

① 半个尼尔森，是摔跤运动一个动作的术语，指被对手从背后以一臂穿过腋下反扣颈背，通常是一种被对手不完全控制住的情况。——译者注

只有一条纤薄的丝带遮在她的身上。她注视着珀尔修斯，珀尔修斯则四肢腾空，头朝下倒悬在空中，挥舞着手中的利剑和盾牌，对准海怪的血盆大口。他呈现了与安德洛美达的身体截然相反的视觉效果和象征意义：他古铜色的皮肤和健硕的体魄与她光滑洁白得如同雕塑一般的身体形成鲜明对比；他和安德洛美达一样扭曲着四肢，却表现出男性的阳刚和矫健之姿，与她被束缚的身体所展现出的情色意味完全不同。

这些反差也形成了另一种形式的对比：将被束缚的安德洛美达性客体化，可以更加强调珀尔修斯的英勇和胜利。在我们悠久的历史传统中，少女的苦难经常被用来凸显英雄人物的伟大。被救后，安德洛美达嫁给了珀尔修斯并给他生了九个孩子。看到这，我们就明白了，安德洛美达的美丽身体实际上是对珀尔修斯英雄行为的奖励，因为我们一贯把少女美丽性感又能孕育新生命的身体视为对英雄的合理嘉奖。

国家美术馆里，本次展览的策展人正在给记者们做讲解，馆长则在一旁冷漠地旁观。几个世纪以来，这些作品首次汇集在一起，必然让人感到激动不已，我却从中敏锐地察觉到，有些事情正悄然发生变化（此时我的手机上弹出一连串关于韦恩斯坦案件进展的最新消息）：我们似乎已经不能仅从艺术史上一贯推崇的笔触、审美和构图的角度来欣赏这些华丽的作品。综合起来看，这六幅画似乎并不是我们认为的纯粹的美学杰作，它们更是性别政治的表达。我开始思考它们的意义和我们解读它们的方式可能会发生怎样的转换与变革。

策展人似乎也察觉到了这一点，他在讲解欧罗巴和达娜厄的故事时磕磕巴巴，而且生硬地套用政治术语将画像中的女性称为威尼斯的“性工作者”（不是交际花，也不是妓女）。但与此同时，还有一位老派的鉴赏家对欧罗巴的形象进行了分析，质疑她究竟是身不由己还是本性放荡。（难道当施暴者是宇宙之王宙斯时，她的“拒绝”其实是“同意”吗？）我想让他闭嘴，因为他那一抹漫不经心的假笑让我想起了那个盯着欧罗巴双腿看的小天使。他的评价让现场聚集着的评论家们又回到了熟悉而舒适的领域，他们如释重负地呼出一口气，随即发出一阵低沉的笑声。这让我想到了还在上学的女儿，希望她不会遭受类似的羞辱。

与这种满不在乎的性别歧视态度截然相反，策展人在讨论另一位少女卡利斯托的耻辱经历时，措辞极为谨慎和委婉。卡利斯托是女神狄安娜的一名侍女，她自幼发誓要保持贞洁，但宙斯却变身成狄安娜的模样来引诱她，使她怀孕。提香的油画展示了卡利斯托被其他侍女拖到专横的狄安娜面前时的高潮场面。她苍白臃肿的身体因恐惧和痛苦而变得灰白，侍女们的脸上却带着一种坚定的喜悦。卡利斯托痛苦的眼神告诉我们，她很清楚，即将受到惩罚的不是众神之王宙斯，而是她这个受害者。后续的故事在画作里并没有展示（但文艺复兴时期的观众应该知道），卡利斯托被狄安娜赶走，又被宙斯善妒的妻子朱诺变成了一头母熊，还差点被自己的儿子杀死。

这些少女形象不仅出现在过去的油画作品中供精英阶级男性赏玩，或是在21世纪的美术馆中供观众和记者追捧，它还成为美术馆之外的政治和民众的公共理想典范。对少女的强暴行为已经在众目睽睽之下隐藏在这个现代欧洲文化符号中。它既被印在金属硬币上，也出现在政府总部门前的公共雕塑中。我们每天都会在不经意间多次瞥到欧罗巴的身影，比如在希腊和意大利的2欧元硬币上，以及欧元纸币上的水印中。此外，它还以雕塑的形式出现在尤斯图斯·利普修斯大厦的门前，这幢大厦与欧罗巴大厦即欧洲理事会和欧盟理事会在布鲁塞尔的总部所在地。在那里，她像体操运动员一样紧紧抓住牛角，和它一起腾空。斯特拉斯堡欧洲国会大厦前的一座由钢铁铸造而成的雕塑也是欧罗巴的形象，不同的是，她是跨坐在公牛的背上。

像这样的公共形象非常重要，相比于美术馆的展览，它们更能够在无形中建立起一种公众认同感。它们能被更广泛的受众看到，也往往更少地遭到审查，并且还可以无声无息地渗透到人们的日常生活中。它们所传递的象征意义会被人们视为普遍规范并欣然接受。而这一形象留给我们的大致印象就是，一位少女屈服于一个权威男性的强烈欲望，它实际上已经成为协同合作、政治和谐、共同利益、共同纽带和牺牲小我的象征。尽管提香的画作充满了暴力和色情，但是欧罗巴和公牛的公共雕塑却传达了自由、冒险与活力的寓意。在这里，性爱和侵犯的动机被调和成了乌托邦式的和谐与政治自豪感的象征。

一些学者自以为是地利用“raptus”这个含混不清的术语向非专业人士解释说，像提香的《劫掠欧罗巴》这样的绘画作品中关于施暴的表达，应该被解读为更加高深、宽泛的哲学寓意，揭示了诸如权力、报答和凡人贪欲的代价这些问题的本质。毫无疑问，它们确实可以如此解读。但是，美化神话中施暴行为的历史形象并不仅仅是学术问题，它们还被复制在明信片、礼物和日用品上，并被推崇为高雅品位和艺术天才的证明。在我看来，我们首先应该思考的问题是，以女性的身体作为载体来探索欲望和权力的滥用及其造成的伤害，是否过于奇怪？明确哪些行为属于施暴，即一个身体对另一个身体实施的暴力行为，应该成为理解任何象征寓意的前提。

艺术史学者也对这些画作中关于施暴的表达及其定义讳莫如深，只专注于分析其中的文学典故和隐喻、政治象征意义及美学的黄金标准。提香是如此受人尊崇，以至于对大多数艺术爱好者来说，以今天的性别政治和韦恩斯坦罪行的视角来解读这些作品，是对它们的亵渎，大多数学者更是视此为旁门左道。这些我都能理解。当然，对我们来说，让自己心无旁骛地沉浸在这些画作中，尽情感受色彩、光线和肉体共同交织而成的美妙韵律，是一件非常容易的事——就像许多展览的评论家那样。但我们在欣赏提香为西班牙王室创作的这些色情画作的同时，也有必要思考一下我们在其中所扮演的角色，以及艺术欣赏究竟意味着什么。

我们再想一想（和“维纳斯”那一章一样），当我们的视线落在欧罗巴张开的双腿之间时，我们站在谁的立场，于我们而言，什么才是最要紧的问题。我们会对欧罗巴的绝望感同身受，还是会因宙斯对她的征服而兴奋雀跃？我觉得事情根本没那么简单。提香用一种似是而非的方式使他的这幅画作没有沦为虐待狂、偷窥癖之流。公牛跌跌撞撞地奔入大海，一边上演着古老诗歌里的故事，一边用哀伤的目光望向画面以外的观众，好像是在哀求：“你真的想看我如此吗？”提香似乎把这一难题留给了我们观众：我们是会把目光移开，还是会从不同的角度更仔细地去欣赏这些画作？（欣赏角度改变了，看到的事物也会不同。）

如果我就此得出结论说只有少女才会成为提香笔下的悲

剧人物，那也是有失公允的，因为尽管少女画像在展出的画像中占了多数，但也有另外一个受害者隐藏在这些受难的少女之中。在卡利斯托的画像旁边，挂着一幅关于狄安娜和阿克特翁的油画，阿克特翁是一位年轻的猎人，他在狩猎时无意撞见了正在赤裸沐浴的女神狄安娜和她的侍女。阿克特翁看到了不该看的东西，犯下了死罪，因此他被恼羞成怒的狄安娜变成了一只雄鹿，而后又被自己的猎犬撕咬致死。这个故事告诉我们，并不是所有人都可以成为观看的对象。狄安娜的盛怒和阿克特翁的死亡也让我们明白，当遭到冒犯时会发生什么。因此，我们所能看到的事物，以及我们看待的方式，都有可能改变我们的命运。

詹博洛尼亚①的雕塑《劫掠萨宾妇女》（*The Rape of the Sabines*，1583年）醒目地矗立在佛罗伦萨的佣兵凉廊——这是一座露天雕塑画廊，位于佛罗伦萨中央政府大楼的侧翼。潮水般的游客在这里的台阶上观光流连，年轻的学生们也喜欢聚集在这里闲聊。它的地理位置绝佳，既是城市的政治中心，也是人们日常消遣娱乐的主要场所。

这座雕塑的三个人物身体呈螺旋上升状，位于顶端的是一个袒胸露乳的女子，她被一个臀部肌肉发达、头发浓密卷曲的裸体男人托举在半空中，似乎正在发出无声的叫喊。这个男人是传说中在公元前8世纪建立了罗马城的罗穆卢斯的追随

---

① 詹博洛尼亚（1529—1608年）是16世纪末意大利最著名的风格主义雕塑家。1555年，詹博洛尼亚曾去罗马，并向米开朗琪罗学习，两年后迁居佛罗伦萨，直到1608年逝世前一直是该城总督美第奇家的私人雕塑家。他被认为是继米开朗琪罗之后意大利最重要的雕塑家。——译者注

者。罗穆卢斯新建立的城池里缺少待嫁的女子，因此他邀请邻邦的萨宾部落与他们共庆节日。在庆祝活动期间，罗马人将毫无防备的萨宾族女子从人群中掠走，并强行娶她们为妻，让她们生儿育女，以确保罗马人的后代生生不息。根据普鲁塔克[①]的记载，被掠走的女子几乎都是处女，除了一位叫赫西利亚的女子是已婚妇女。

奇怪的是，这件雕塑作品在完工很久之后才有了名字。当时的艺术家们都在争取这个城市里最具声望的委托项目，好让自己一战成名。为了从一群才华横溢的艺术家中脱颖而出，雕塑家詹博洛尼亚另辟蹊径，雕刻了这件作品（他没有按照常规流程，收到主顾的委托后再进行创作）。詹博洛尼亚从一系列开放式的主题中选择了这个以满足性欲为目的的劫掠场景——一位无名女子被一个无名男人劫掠，而雕像底部还有一个被踩踏着的男人，他惊恐地目睹着一切，好像爱莫能助。我们不应该把这个男人仅当作雕像的底座设计。他是阿克伦国王，也是萨宾部落的指挥官。他畏缩着降服于这位无名的罗马劫掠者，后者则轻蔑地将一条粗壮的腿踩在他张开的双腿之间，这个姿势向我们展示了另一种喻义——这个罗马人穿透了阿克伦的身体空间，打压了他的男子气概，因此，阿克伦的形象被削弱了。

詹博洛尼亚获得了他所寻求的成功——托斯卡纳的大公爵弗朗切斯科一世·德·美第奇下令将这座雕塑放置在领主宫外供公众参观。直到此时，这座雕像才需要被赋予一个合适

---

① 普鲁塔克（约公元46—120年）是罗马帝国时代的希腊作家、哲学家、历史学家，以《比较列传》（又称《希腊罗马名人传》或《希腊罗马英豪列传》）一书闻名后世。——译者注

的古典神话故事，而像强奸这样的主题必然会有太多神话故事可选。詹博洛尼亚看着这座雕塑陷入沉思，她可以是特洛伊的海伦[①]，或是被冥界之神普鲁托强奸的普罗塞尔皮娜，也可以是一个萨宾女人。在16世纪的意大利，强奸是一种表达情欲统治和政治控制的通用手法。

随着时间的推移，劫掠萨宾女人的故事和欧罗巴的故事一样，演变出了庆祝的含义——庆祝国家的建立。在文艺复兴时期的整个意大利，人们用这个故事来歌颂罗马初建时所有人的爱国情怀：男人是阳刚和胜利的象征，而萨宾女人则是罗马母亲的代表。故事中的人物形象甚至出现在了婚礼横幅、结婚礼箱和贵妇闺房的装饰上。人们抹去了故事中所有的痛苦和暴力，将其架构在荣誉之上——无论女人们当初从家中被掠走时经受了怎样的痛苦，都会被随之而来的婚姻以及孕育出的新生命和新城市的舒适环境所抵消。这让我想起了反乌托邦[②]文学中关于国家强制生育的故事，比如在玛格丽特·阿特伍德的小说《使女的故事》(*The Handmaid's Tale*)中，基列共和国当局四处抓捕女性作为“使女”并玷污她们，希望她们能孕育子嗣，并鼓励她们为服务于国家发展而感到自豪。

罗马历史学家李维在他的著作中断言，萨宾女人一旦得

---

① 海伦是希腊的绝世佳人，嫁给希腊南部城邦斯巴达国王墨涅拉俄斯为妻。后来，特洛伊王子帕里斯奉命出使希腊，趁着墨涅拉俄斯外出之际，掳走海伦，还带走了很多财宝。此事激起了希腊各部族的公愤，为此，他们集结十万大军和一千多条战船，跨海东征，攻打特洛伊城。最终，特洛伊城被掠夺一空并烧成了一片灰烬。墨涅拉俄斯抢回了美丽的海伦，重返故土。——译者注

② 反乌托邦就是“还不存在的坏地方”，通过虚构一个可怕的世界，来提醒人们关注现实中的问题。如果说乌托邦寄托了作者对美好世界的幻想，那反乌托邦则寄托了作者对未来的担忧，因为作者觉得“还不存在的坏地方”将来非常有可能实现，所以必须警示大家避免生活在这样的世界。——译者注

到婚姻和爱情的保证，就会忘却被从家中劫掠的怨恨，并暗指她们后来的怀孕是双方自愿的行为。他的言外之意就是，如果能够以爱情和婚姻作为回报，女性将甘愿这样（这与格里塞尔达被考验的故事也有某些相似之处）。这一假设已经反映在世界各地的强奸罪立法中。许多法律规定，如果强奸犯与受害者结婚或为其家人提供聘礼，就可以免除其强奸罪责——这项立法是一种历史的倒退，在此之前，强奸至少因破坏了被侵犯女子作为处女的性价值而被视为对其男性亲属的犯罪。直到1981年，意大利才废除了这项由他们制定的法律，而土耳其甚至试图在2016年和2020年将之重新引入立法，允许监狱里被定罪的强奸犯在与受害者结婚的前提下获得释放。几个拉丁美洲国家、菲律宾和塔吉克斯坦也都依然保留着类似的法律。

我想知道的是，我们如何才能跨越文明社会对性暴力定罪标准的鸿沟？如我们所见，一方面，媒体一致声讨土耳其保护和赦免强奸犯的企图；另一方面，公众却默认在诸如詹博洛尼亚的雕塑这样的艺术作品中，强奸行为是无害的。在此过程中，或许我们需要再次反思我们被邀请到这里来欣赏这些画作的目的和意义：是为了表达对受害者的同情，还是为了欣赏她们苦苦挣扎的性感玉体？是为了表达对罗马人建立新王朝时的魄力和勇气的钦佩，还是为了提醒自己——一些女性在结婚和性爱对象的选择上毫无决定权？

如果我们能够开始意识到，那些我们在现实生活中无法容忍的行为堂而皇之地出现在自己所崇拜的历史遗迹和艺术作品中，那么也许我们就可以推进关于女性的性暴力的全面讨论——将隐藏在日常生活及图像表面之下的权力和暴力的性别歧视行为公之于众，使它们更加一目了然，更加惹人注目。我们也因此必将面临一个难题：我们应该如何处理那些与现实生活中我们引以为傲的自由主义价值观相悖的艺术作品和公共雕塑，是否应该取缔它们？如果是，那我们又该如何处置它们，该用什么来替代它们？

这座雕塑每天都出现在公众的视野之下，以至于人们对其见怪不怪。这让我想到，如果我们将暴力劫掠和强奸带来的创伤升华和实体化为受人敬仰的政治象征与纪念雕塑，那么日常生活中性强迫和性威胁（从小的侵犯到恐吓再到严重的攻击）所带来的创伤将更加难以被人正视，尤其是当我们既无法从中演绎出关于历史变革和神话传说的精彩故事，又不能将之制作成赏心悦目的绘画或其他艺术作品时。被劫掠的萨宾女子的呼救无声地回荡在遍布着鸽子和游客的广场上，似乎无人注意，也无人在意，也许这就是问题的关键所在。性侵行为就隐藏在众目睽睽之下，徘徊在事物的表象之下，暗含在诸多故事中。从夜间出行、初次约会、乘坐出租车，到艺术展览、历史课程和婚姻生活，这样的行为随时都可能会出现。

从"Me Too"运动和"Time's Up"①运动的大量证据可以看出，大多数女性都遇到过性骚扰或性侵犯。21世纪初，作为一名年轻的留学生，我在离佛罗伦萨的詹博洛尼亚雕塑不远的地方也经历了这样的事情。在参加完聚会回家的路上，我在河边发生了一起轻微的车祸。我虽然没有受伤，却心有余悸，带

---

① "Time's Up"是哈维·韦恩斯坦的性骚扰丑闻爆出后，由好莱坞300多名重量级的女演员、编剧、导演、制片人以及娱乐界的高管联合发起的继"Me Too"之后又一场抵制性骚扰的大规模行动，它有着更为翔实的计划，帮助女性把抵制性骚扰落到实处。——译者注

着明显的恐惧和慌乱，独自走进即将关闭的火车站。一名乘警把我领进他的办公室，并给我递上热水、咖啡和纸巾。他关上门，坐在桌子边缘，听我泪眼婆娑、磕磕绊绊地描述着事情的经过。时至今日，我依然能够清晰地回忆起当他伸出双臂，轻轻地把我拉向他时，他身上浆洗过的制服散发出的权威的气味。我也记得当他抚摸我的头发，亲吻我的脖子，将腿伸进我的双腿之间时，他肩章上的纽扣在我脸颊附近反射出的刺眼光芒。

考虑到公共广场更加安全，我急匆匆地奔向领主广场，打算穿过那里回公寓。此时，詹博洛尼亚的雕塑在漆黑的夜空下熠熠生辉，夜晚游荡的人们用纸杯喝着葡萄酒。我知道，如果自己当时在火车站没能从那位权威人士的色情欲望中脱身，如果事态进一步发展，我的呼救声也会像萨宾女子的一样空洞无力，如羽毛般落在坚硬、冰冷的地面。

还有另外一种类型的少女形象也渗透进了我们的庆祝文化中：她们毫无生气或行如槁木，却如诗如画、如梦如幻，令人为之倾倒。她们没有被侵犯，却会自我伤害。伦敦泰特美术馆的维多利亚时代绘画展厅里就弥漫着这种压抑的气息。这里居住着艺术史上最惹人喜爱的少女们，包括约翰·埃弗雷特·米莱斯为莎士比亚戏剧《哈姆雷特》(*Hamlet*)中的悲剧人物奥菲莉娅所创作的画像，剧中的奥菲莉娅相思成疾，变得疯疯癫癫，最终溺水而亡。这幅画已经成为英国拉斐尔前派运动的名片，几乎无处不在。维多利亚时代的绘画风格多以鲜艳的色调来描绘少女，她们双眼呆滞无神，看起来就像在温室里窒息的花朵。在这幅画中，奥菲莉娅优雅地溺死在水中，漂浮在河水做成的临时坟墓里。她的目光空洞茫然，头发像海草一样在苍白的脸旁蔓延开来，衣服在水面下鼓胀得像气球一般。

这幅画所描绘的故事并没有出现在《哈姆雷特》的舞台剧中：哈姆雷特的母亲格特鲁德王后声称奥菲莉娅从一棵柳树的断枝上掉进河里，淹死了。尽管这一幕没有出现在戏剧舞台上，却已经深深地铭刻在艺术史和流行文化中，在田园风光中平静地走向死亡的妙龄少女的形象已经成为无数令人敬仰的艺术佳作的共同主题。米莱斯的这幅画无疑是其中最著名的一幅，它不仅与戏剧角色奥菲莉娅同名，也成为凄美的亡故少女和浪漫的当代悲惨人物的代名词。这一形象被杂志照片和女性杂志的化妆教程争相引用，而且还出现在了一些独立电影中。[比如拉斯·冯·提尔的《忧郁症》（*Melancholia*）和索菲亚·科波拉的《处女之死》（*Virgin Suicides*）。]

“PhotoVogue”是一个由Vogue的编辑们组织的摄影作品分享平台，在其数以千计的数据库图片中，重复最多的主题之一就是悲剧女主角奥菲莉娅。该网站表示：“奥菲莉娅代表着纯洁和天真的本质，也许还象征着青春期的脆弱，就像约翰·埃弗雷特·米莱斯的标志性绘画代表作一样，无论古今，少女为爱情殉葬的行为都是一种美学宣言。”我认为这是一种刻意的曲解，甚至是恶意的曲解，它鼓励女性把挫败和悲伤看成是一种梦寐以求、美丽的时尚之物。它将年轻女性捧上一个并不存在的神坛，用“纯洁和天真的本质”剥夺了她们的自我满足，以及性意识觉醒，并让年轻女性相信自己可以，甚至期待着被男人“毁灭”。

此外，奥菲莉娅也并非真的“死于爱情”。她在剧中的角色围绕着她与三个男人的关系展开：父亲、哥哥和男友哈姆雷特。生活在父权制下的奥菲莉娅在成为贞洁的妻子和母亲之前，一直扮演着顺从的女儿角色。但坠入爱河之后，这位少女也对浪漫的爱情充满了渴望，这令她左右为难，倍感痛苦。她一边承受着哈姆雷特的操纵，一边忍受着家人对她的限制。直到后来，她的父亲被杀，她的情人开始憎恶女性，与她反目成仇，于是她变得“歇斯底里”——当女性表现出任何有悖于父权社会所预期的女性行为准则的举动时，都会被赋予这样一个病态标签。

在剧中，失去情人和父亲后的奥菲莉娅变得癫狂，她无法在失去所有重要男性关系后继续生存，找不到生活的意义所在。离开这些男人后（她的哥哥也在国外），奥菲莉娅丧失了活下去的勇气，内心的自我意识也崩塌了——她在法庭上的陈述被当成污言秽语，最终，她消失在湍急的河水中，变成一具精致而完美的尸体。

我察觉到，时至今日人们依然坚信女人稳定的情绪、浪漫的爱情和幸福的生活都离不开男人的存在。我们依然会用“恋父情结”这个性别歧视的俗语来谴责和评判那些在生活中缺少父亲陪伴的女性（好像这是很不幸的事情），想当然地认为没有父亲的女儿会更加歇斯底里、不可理喻，更“渴望被爱”，她们急于用滥交来填补生活中的空虚，在约会术语中，她们被称为“残次品”。

米莱斯的《奥菲莉娅》及其众多衍生作品将女性的苦难浪漫化，以赋予她们生命的意义。奥菲莉娅更是以死亡将它发挥到了极致。正是在这一时刻，她变成了最美丽、最可爱、最完美的人——在她的葬礼上，奥菲莉娅的哥哥和哈姆雷特争先恐后地表达着对她的爱意，将她称为“逝去的天使”，一致认可她的纯真和清白。

不论在当时还是今天，奥菲莉娅的画像都从美术馆走入了人们的日常生活，这张源自文学作品的绘画切实影响着女性的行为方式，以及人们看待女性的态度。这一戏剧中的虚构人物甚至成为一个伪医学诊断的标准：年轻的女性患者如果有类似的神经质表现，就会被评估为精神病患者。米莱斯那幅名画的模特也有着和奥菲莉娅极其相似的真实经历。一头红发的莉齐·西达尔是一位艺术家和诗人，可她更出名的身份是拉斐尔前派艺术家们的缪斯、模特和情妇，并最终和该组织成员但丁·加布里埃尔·罗塞蒂结婚。我们对她的了解大多是通过艺术家的男性凝视而来，他们将她塑造成神话和文学作品中理想的忧郁女性，比如但丁的中世纪诗歌《神曲》(*The Divine Comedy*)中的朦胧美人比阿特丽斯。

西达尔是出了名的消瘦和羸弱。据报道，在与罗塞蒂的婚礼上，她由于过于虚弱和纤瘦而不得不被人抬着进入步行五分钟便能到达的教堂。后来，她的身体状况越来越差，腹中的胎儿也没能存活。为了缓解痛苦，她成了一名瘾君子。她在32岁时死于过量服用鸦片酊。西达尔的一生可谓是一个完整的悲剧故事，她是艺术家的模特，也是他们的情人和缪斯，一个天使般的病人，最后却变成了一具精致的尸体。即使到了今天，仍有仰慕者前往位于伦敦北部海布里公墓的墓地去祭拜她。

拉斐尔前派绘画作品中的莉齐·西达尔，以及她传奇的生活和死亡经历，都向公众展示了维多利亚时代最迷人的女性形象——一个瘦弱、痛苦、被病魔缠身却毫不抱怨的女性。

但真正的莉齐·西达尔却已经被埋葬在这一角色之下。事实上，作为艺术家的西达尔已经获得了非常成功的人生，她被声名狼藉又愤世嫉俗的艺术评论家约翰·罗斯金赞誉为天才，她的诗揭露了男人对女人的虚情假意，认为他们只看重外在美［她的一首名为《眼睛的欲望》(*The Lust of the Eyes*) 的诗开头第一句是“我对所爱女子的灵魂毫不在意”］。她的弟媳克里斯蒂娜·罗塞蒂和她持有相同的观点，在她的《在艺术家的工作室》(*In the Artist's Studio*, 1856年) 一诗中描写了米莱斯和西达尔之间的关系：在米莱斯的绘画作品中，西达尔“不再是她本来的样子，而是他想象的样子”。西达尔的形象像维多利亚时代的许多缪斯一样，是为了满足拥有她的艺术家的幻想：他用自己的凝视、欲望和抱负勾勒出她的模样。罗塞蒂甚至在与她成婚后更改了她的名字的拼写，去掉了“Siddall”中的第二个“L”，他觉得这样看起来更加雅致。

米莱斯这幅名画的创作过程背后，还有一个广为流传的故事。西达尔装扮成奥菲莉娅，连续数小时泡在浴缸里，浴缸下面燃着油灯来保持水温。米莱斯全身心地投入创作中，完全没有注意到油灯燃尽，而西达尔便一直泡在冰冷的水里。后来，西达尔感染了肺炎，在她父亲的逼迫之下，米莱斯支付了医疗费用。人们常常以这个故事来歌颂西达尔为激发艺术家的创作灵感而付出的近乎神圣的奉献，她为艺术创作做出如此牺牲，哪怕感到不舒服也未曾有过一句怨言。我却对这种轻飘飘的赞美深感愤怒，因为这意味着她完全顺从于米莱斯伟大作品的创作，即使置身险境也毫不抱怨。也许她知道，这幅作品的观众会因为她忍受了冷水浸泡的折磨而更加倾慕于她，知道我们喜欢看到少女为了我们的审美享受而默默承受痛苦。

也可能是那天她服用了大量鸦片酊，已经麻木了。

忍受痛苦是少女的美德，无论是为了建设新城市而被劫掠和强奸，还是为了诗歌、故事和绘画的创作而遭受折磨。这意味着，女性普遍被剥夺了舒适感，她们在外表、工作或艺术上需要付出更多努力，却依然不被人在意。舒适感被剥夺（和大多数事情一样）是特权和政治引发的问题。丽贝卡·索尔尼在她的散文集《这是谁的故事？》（*Whose Story is This?*）一书的序言中写道：“‘Me Too’运动引起了很多男性的抱怨，他们表示这一运动让他们在职场中（也暗含其他专门为他们提供社会、经济和其他特权的场所）不再有舒适感。”在我看来，他们和那些一边将女性性客体化，一边声称自己因被视为厌女症者而深感不安的人如出一辙，正如索尔尼所说，“有权利不知情……有权利……感受不到痛苦”是多么幸福的事情。

如果说少女的美德要求她们忍受痛苦，甚至献出生命，那么婚姻就是给予她们的回报——嫁给侵犯她的人，或者嫁给把她塑造成另外一个美丽形象的艺术家。和戏剧《哈姆雷特》中的奥菲莉娅一样，西达尔的身体是她所依附的男人艺术发展的支柱。她耗尽自己所有的热情、表达和想象来满足男性艺术家的幻想，支持他走向成功，这是一场悲怆、凄惨的奇观，也是一首对男性天才艺术家的颂歌。奥菲莉娅和莉齐·西达尔成为艺术史上的游魂，加入被劫掠的萨宾女子、欧罗巴、安德洛美达、达娜厄的行列。这些少女为艺术的献身掩盖了她们本身的故事和身份。她们让我们看到，对于女性来说，自由地掌控自己的身体并讲述自己的故事并不是一件容易的事情。

1972年，美国艺术家朱迪·芝加哥、苏珊娜·莱西、阿维娃·拉赫马尼和桑德拉·奥格尔邀请观众来到弗雷斯诺大学的礼堂观看一场别开生面的演出。在昏暗的灯光下，女性表演者们在装满鸡蛋液、鲜血和泥土的浴盆中沐浴，音响中还播放着被玷污女性的录音证词。白色的墙壁上钉满了动物的肾脏，其中一名表演者像木乃伊一样被用纱布捆绑着。同时，在舞台的四周还围着一张绳网，将表演者困在这一片黏糊糊的覆盖物中。“我感到如此无助，如此无力，除了躺在那里轻声哭泣，我什么也做不了。”录音里的这句话不断地重复着，像蜂鸣一样萦绕在舞台中央。

这场演出的名字是《洗礼》(*Ablutions*)。这个名字引用了基督教以净化为目的的洗礼仪式，但舞台上所上演的却与仪式大相径庭。这场表演是20世纪70年代女性艺术家创作的关于强奸主题的激进女权主义艺术作品之一——这些作品打破了父权艺术的典型叙事方式和创作对象，不再将性暴力作为审美的主题和权贵的政治象征。女性主义艺术家常以强奸为主题，试图寻求恰当的方式来表现性暴力这一难以启齿又普遍被忽视的问题的本质。她们要找到一种历史上女性从未使用过的全新创作方式，来表达遭受性暴力的女性的真实体验。录音里凄惨的声音和舞台上混乱的表演都是为了让观众感受到强奸给女性带来的难以承受的身体与情感的痛苦，包括被玷污、被捆绑和噤声、遭受非人的虐待以及被囚禁在绳网中的体验。

历史上的艺术作品大多默认男性为观众，为男性特权的表达提供便利，为男性提供情欲享受，相反，像《洗礼》这样的作品拒绝男性凝视，以全新的方式给观众以启发。在目睹《洗礼》的过程中，女性观众(她自己可能也经历过性暴力)可能会感受到作品的自白，会联想到自身经历，而历史上任何关于向少女施暴的画像都不可能产生这样的效果。这样的行为艺术也鼓励观众像关注提香的《劫掠欧罗巴》或波提切利的《维纳斯的诞生》等传统艺术作品一样，以同样的重视程度来关注日常生活。

《洗礼》属于一种行为艺术，它是20世纪60年代末和70年代兴起的一种新的艺术表现形式。它打破了“内部”艺术和“外部”艺术之间的界限。所谓的“内部”艺术就是存在于博物馆和美术馆里的艺术，“外部”艺术则是带着某种政治目的，用真实的人体、动作和经历在街头与社区展示的艺术。这种表演无意创作可以在博物馆展出并供精英人士欣赏的有形作品，相反，它刻意回避任何形式的消费价值，这就是为什么它能够以提香的绘画所不能的方式超越公共认知。更重要的是，它还超脱于任何可能被视为幻想、娱乐或色情的事物。

在参与《洗礼》的艺术表演之后，苏珊娜·莱西又在1977年制作了多媒体项目《五月的三个星期》(*Three Weeks in May*)。该项目用表演、报道，以及大量的公众讨论和记录来抵制洛杉矶的性暴力事件。

这次艺术展的核心作品是两张长25英尺(约7.62米)的明黄色洛杉矶地图。它们在洛杉矶市政厅地下购物中心展出。这里并不是专门的艺术展区，尽管处于城市的中心位置和公共区域，它却在地下，比街面上的日常场所仍然要隐蔽些。莱西刻意用这种场景设置来呼应发生在城市中的性暴力特点——它能够被那些受害者强烈地感受到，但多数公众却对它毫不知情。这些令人痛心的性暴力统计数字出现在购物中心这样一个充满烟火气息之地，也暗示着当城市中的许多人过着平淡无奇的生活的同时，还有些人正在经受痛苦和折磨。

第二年，英国艺术家玛格丽特·哈里森在伦敦创作了多媒体绘画作品《强奸》(*Rape*)，该作品将文化史上珍贵的艺术影像与20世纪70年代英国对待性暴力的态度直接联系了起来。沿着画像的顶层，艺术家排列了艺术史上以不同方式被客体化的裸体女性，她们都是一些非常有辨识度的著名人物，其中包括提香的《帕里斯的裁判》(*Judgement of Paris*)的草图。

该系列的最后一张图片重现了一则流行的橙汁广告，画面里是一位穿着暴露的比基尼、身材婀娜的金发女郎，广告的宣传语是“多汁、果味、新鲜、价廉”。另外一则同类产品的类似广告也出现在这幅画的底部，让人们看到女性身体是如何被普遍性化，用以促销日常食品的。哈里森还将报纸剪报贴在了这些主流图像之间，其中包括一些强奸案中带司法偏见的标题，以及揭示警察和司法机构中阶级与性别歧视的书面记录和引文。

哈里森的全部作品都以白色为背景进行展示，仿佛所有收集到的证据放在了一张解剖台上，使她的观点更加清晰有力：高雅艺术、商品宣传和司法偏见交织在一起。在20世纪70年代末，伦敦的蛇形画廊①拒绝展出这件作品，给出的理由是该画廊是一个“家庭空间”。后来该作品在巴特西艺术中心展出，老师们通过它向学生介绍强奸的相关问题。

回顾过去10年，哈里森表示：“我们从那些文化符号当中潜移默化地接受了大量无助、被动的缪斯式的女性形象，而那

---

① 蛇形画廊，创建于1970年，坐落在海德公园内的肯辛顿花园里，原先是一座1934年建造的古典风格的茶馆。每年都有不同的建筑师团队对蛇形画廊重新进行设计，它是伦敦最受欢迎的现当代艺术画廊之一，每年大概有75万人参观该画廊的展览。——译者注

些宣传不断地侵蚀着我们，将我们局限在一个狭小的世界里，而这并非出自我们本意。”[26]这位艺术家指出，这些形象固化了我们的认知。当我们身边的形象与我们的认知不符，就可能营造出一个令我们感到格格不入的环境。

第二波女性主义运动中的艺术作品重点关注了性暴力受害者的生活经历，并揭露了批准性暴力的组织体系和压制这些叙事的文化机构。这种表达、共鸣和集体意识在许多方面不断地累积、提升，在近50年后的“Me Too”运动中达到了高潮——这表明日常性骚扰属于无处不在的强奸文化，男性对女性身体的性别特权以及女性对此事的沉默已经变得司空见惯。

事实上，20世纪70年代的女艺术家并不是第一个试图改写少女故事的人。1638年出生于博洛尼亚的伊丽莎白・西拉尼创作了近200幅画作。然而，她于27岁英年早逝，她的名字几乎不为人所知——甚至许多研究17世纪艺术史的学者也从未听闻过她的存在。她有一部作品描述了历史上的一个强奸故事，但与众不同的是，它既没有涉及宙斯的放荡行径，也无关乎伟大的国家建设。公元前335年，底比斯的蒂莫克莱亚被亚历山大大帝军队的一名上尉玷污。亚历山大的传记作者普鲁塔克记载，事情发生后，上尉逼问她钱财藏在哪里，蒂莫克莱亚便把他带到花园里的一口枯井边。当他把头伸进黑暗的井口时，她猛地把他推了下去，并往里扔石头，砸死了他。亚历山大大帝本人被蒂莫克莱亚的自爱和勇敢深深地打动，尽管她谋杀了自己的心腹，但他还是使她免遭监禁之苦，赦免了所有对她的惩罚。

西拉尼笔下的蒂莫克莱亚神色坚定，丝毫没有神话和经

伊丽莎白・西拉尼,《蒂莫克莱亚谋杀亚历山大大帝的上尉》, 1659年，那不勒斯卡波迪蒙特博物馆收藏，意大利。© 蒙达多利作品集/伊莱克塔/卢西亚诺・佩迪奇尼/布里奇曼图片社

典故事里常见的色情表达情景。这幅画颠覆了“被动少女和主动男性”的传统模式，罕见地让女主人公蒂莫克莱亚操控了一个虚弱的男性身体，将受害者被强奸的境遇扭转为复仇和主动的局面。上尉头朝下、四肢笨拙地翻倒在井口，被掩埋在身上穿的那件宽大披风的红色褶皱里。

这幅画作的主人是一位男性收藏家——来自博洛尼亚的银行家安德里亚·卡塔拉尼，他收藏的很多画作都描绘了坚强果敢的女性英雄，这些女性和蒂莫克莱亚一样，并不是迷人的蛇蝎美人。但这也不能说明艺术家们普遍热衷于刻画掌握自己命运的女性。西拉尼的画作仍然是现存该时期意大利绘画中唯一一幅表达这一主题的作品。（而其他关于蒂莫克莱亚的画作往往将重点放在亚历山大大帝对她的赦免上，表现亚历山大大帝的宽宏大量。）

尽管这幅画在艺术史上寂寂无闻，但在21世纪艺术家的创造之下，西拉尼的蒂莫克莱亚得以再生，以表情包、插图，甚至是可爱的刺绣作品的方式出现在社交媒体上，有力地响应了“Me Too”运动和“Time’s Up”运动。在最高法院举行的关于布雷特·卡瓦诺被克里斯汀·布莱西·福特指控强奸案件的参议院听证会[①]上，这一点表现得尤为明显。在这场备受瞩目的听证会期间，社交媒体上出现了大量西拉尼的蒂莫克莱亚的图片，配文是“我相信她”。与20世纪女权主义艺术家的作品不同，这幅出自17世纪的画像中没有任何受害者的痛

---

① 布雷特·卡瓦诺是美国前总统特朗普提名的最高法院大法官人选，2018年9月16日，加州帕洛阿尔托大学心理学教授、斯坦福大学学院的研究心理学家克里斯汀·福特接受《华盛顿邮报》采访时表示，她在马里兰州读高中的时候，卡瓦诺试图对她进行性侵。9月27日，两人出席了参议院司法委员会的听证会。——译者注

苦表现，而是专注于刻画她的果断和力量。我猜想这一形象之所以能够复苏和流行，是因为它向女性展示了另一种处理性暴力的方式：它拒绝认同逆来顺受的少女形象，对那些将“Me Too”运动称为“受害者运动”的批判者发起反击。

阿特米西亚·真蒂莱斯基是和西拉尼同时期的一位较有名气的女性艺术家。她是一个敢于直面暴力的人，被视为女性力量和英雄主义的典范。真蒂莱斯基的经历曾在艺术史上轰动一时，她是一名性暴力的幸存者，1612年，在罗马举行的一场备受瞩目的审判中，她自愿承受酷刑来证明她所说的都是实情。对她施暴的阿戈斯蒂诺·塔西最终被判有罪，并被迫向她求婚。当然，该行为是向真蒂莱斯基的父亲赎罪。不过，真蒂莱斯基没有嫁给塔西，她在审判后很快嫁给了一个叫皮埃兰托尼奥·斯蒂亚特西的男人，因为婚姻往往被看作治愈少女伤痛的最佳疗法。

尽管真蒂莱斯基在她的绘画中没有表现出任何明确的施暴叙事，但她的确从女性角度探索了性侵犯的主题，比如《旧约》中苏珊娜的故事（年轻女子在洗澡时被年长男子偷窥），这是文艺复兴时期流行的情色题材，真蒂莱斯基却摆脱了传统的男性凝视，没有将苏珊娜像维纳斯那样谄媚地呈现给观众，而是专注于表现女性在令人反感的贪婪凝视下可能会产生的不适感。

她作品中的这些勇敢无畏的女性形象，在“Me Too”时代被赋予新的解读方式和象征寓意。其中最著名的是两幅关于《旧约全书》中的朱迪思的画像，朱迪思切断了声称要降服她的部落的恶魔将军荷罗孚尼的脊柱，拯救了她的部落。还有一幅关于雅亿的画像，她将军长西西拉引诱进她的帐篷，然后冷静地用钉子钉穿他的太阳穴。真蒂莱斯基笔下的这些坚定自信的女性形象经常被解读为艺术家本人的另一个复仇型自我人格，她们也成为女性在面对随处可见的父权暴力时敢于决断、自我救赎的典范。

女性艺术家还抵制一切痴迷于苦难中的脆弱少女形象、恋尸癖式的男性凝视。有些人，比如碧昂丝，选择以愤怒的方式来对抗这些少女形象的影响，改写少女对男性的痛苦依赖关系的浪漫化描述。在她的视觉专辑《柠檬水》的开头，碧昂丝从屋顶跳下，似乎穿越时间隧道，进入水下的一个19世纪风格的卧室。她就像一个漂浮在羊水中的胎儿，她那海藻般四散飘荡的卷曲长发、水下鼓胀的衣服以及茫然的眼神不禁让人联想起米莱斯笔下可悲的奥菲莉娅。碧昂丝反复吟唱着关于让自己变得更温柔、更漂亮、更苗条、更沉默、更愿忏悔的简单歌词，揭示了女性为了适应一个不适合自己的角色而采取的自我伤害：为了取悦男人，她极力压抑和虐待自己，让自己变成一个顺从、完美的女人，从不质疑伴侣的不忠，一心致力于改善和伴侣的关系。

然而，这位少女终于逃出来，再次获得呼吸。画面突然切换到一座宏伟建筑敞开的大门，一股势不可挡的洪流从台阶上喷涌而下，碧昂丝滑过大门，重获新生。只见她身着流苏摇曳的赭色长裙，赤裸的双脚踩在宣泄的水流中，她摆脱了奥菲莉娅压抑的身份，换上了另一个更耀眼、更有力的身份——奥顺——传统的约鲁巴河流女神，象征着生育、女性化和性感。她阔步走在街上，用棒球棍砸碎了汽车和监控摄像头。作为一个愤怒和暴力的女性形象，碧昂丝的暴行也受到一些黑人女权主义者的批判（比如贝尔·胡克斯），但我却在她的身上看到了更有价值的东西：在破坏监控摄像头的同时，碧昂丝似乎也打破了被别人的目光所凝视、审查和监控的形象。

正如我们在“维纳斯”一章所知，碧昂丝借用西方传统形象，让自己的孕照变成了一个待产的“黑人维纳斯”。在这张专辑中，碧昂丝再次带领我们打破了欧洲的艺术准则。我们见证了她从绘画作品中的被动少女到元气女神的转变，将“迂腐、男性、白人”（stale, male, pale）思维中的浪漫少女形象弃之如敝履。她先将自己置于压抑的环境中（象征着少女所遭受的压迫），但最终她摆脱了这一切并获得了新生。这种“新”是黑人女性的一种自我表达，它超越了白人文化的两极分化标准，并没有仅从非白人的角度来看待黑人（或黑人女性），将他们视为异类和他者。在这里，这位略显浮夸的黑人女性并不是欧洲白人少女奥菲莉娅的陪衬。事实上，她将这一少女原型打破，的的确确是为所有女性做了一件益事。

无论如何，黑人女性要模仿西方白人少女的形象是很难实现的，因为“黑人少女”在文化影像中从未有过任何视觉语言和空间。神话中的安德洛美达实际上是一位埃塞俄比亚公主，奥维德的《安德洛美达的故事》（*Story of Andromeda*）的译本也将这位公主描述为有着黑色皮肤的公主，但如果我们回顾一下菲利普二世的藏品中提香笔下的那群少女，就会发现安德洛美达在画中一如既往地被白人化了。[27]同样，尽管欧罗巴来自腓尼基（古代国家，位于现在的黎巴嫩附近），但她从未在任何画像中表现出中东人的样貌特征。

之所以会如此，原因其实很简单：我们从未在神话中见过黑色或棕色人种的少女因新王朝的建立而被施暴或劫掠，因为在西方历史传统中，非白人女性的身体已经被极度地诋毁和贬低，不可能再被性暴力玷污。这种观点反映出这样一个事实：在美国废除奴隶制之前以及直到如今的大部分时间，强奸黑人妇女并不构成犯罪（与黑人男子对白人女性构成所谓的性威胁时所激起的群情激奋形成了鲜明对比）。同样，悲剧的黑人女性形象也不像那些美丽脆弱的白人缪斯那样富有诗情画意。由此我们可以得出结论，只有当所讨论的身体符合阶级、种族和审美的崇高理想时，它的玷污或死亡才会有意义，这是少女意象的核心。

但这并不意味着黑人女性被玷污的画面完全不存在。在马赛美术馆里，克里斯蒂安·范·库文伯格的《被冒犯的黑人女孩》（*Rape of the Negro Girl*，1632年）展现了三个白种男人对一名黑人女子施暴的场面。这幅以性侵为主题的作品滋长了17世纪荷兰男性白人至上主义者的自大。

正如我之前所述，从我们的政治形象的核心位置到国家收藏品中我们最喜爱的艺术作品，这些图像无处不在。这也意味着，这种男性欲望已经凌驾于任何其他形式的欲望之上。例如，我们看不到任何女性强行占有她们想要的男人的形象，硬币上也没有特权女性劫掠男性的图像，以此作为政治联盟的象征。我们既看不到男人等待被精力充沛的女人拯救的画面，也听不到以他们的自残和悲痛为灵感来激发女性艺术家进行艺术创作的故事。

因此，女性往往只有一种方式来想象和看待性爱——它是别人对她们做的事情，而不是为她们、与她们或由她们做的事情。她们只能扮演两个角色，一个是表示拒绝却被强行占有的欧罗巴，另一个是心甘情愿地将自己呈现出来供人随意赏玩的维纳斯，我不确定是否有女人介于这两个角色之间，但我确定这两个角色都不符合她们真实、复杂的欲望。考虑到这一点，也许在我们的艺术和文化中，只有关注女性的快乐，而不是悲伤或愤怒，才可能让我们摆脱这些少女形象的影响。这是一种激进的做法，因为女性的快乐（性爱或其他方面）几乎从未成为文化关注的焦点。

评论家芭芭拉·约翰逊在她的散文《无言的嫉妒》（*Muteness Envy*）中指出，似乎“女性对两件事保持沉默——她们的快乐和她们受到的侵犯，而将这种沉默理想化的行为使二者在文化中无法被区分开来”。[28]当我再次审视提香的《劫掠欧罗巴》时，这些话反复在我的脑海中回荡。在标准的解读中，这幅画的张力在于少女的扭动到底是出于恐惧还是狂喜，这种模棱两可的寓意鼓励我们将屈服理解为快乐，如果我们感受不到类似的愉悦感，就会让我们产生自我怀疑，觉得自己像清教徒一般性格冷漠，没有感情。

从新的视角和空间来进行女性的自我表达，可以打破这种沉默和暴力，为我们提供另一种关于性欲解放和性爱快感的描述方式，一种不会把性爱刻画为权力表现的方式。

加拿大艺术家安贝拉·韦尔曼将自己的绘画定义为“对女性欲望的一种图像化探索”，她用性爱中的身体图像清楚地展现了男性凝视中性行为的隐晦表达。比如她的油画《牙齿》（*In Teeth*）用床上的两具光滑而湿润的身体直接表现出性爱的快感，而不是让观众以偷窥的方式从简单的叙事场景中去体会。由于没有固定的观众视角，我们只看到一组混乱的肢体，它们属于两个同样因愉悦而变形的身体。任何一方都不优越于另一方，也不存在明显的权力话语。他们的手看起来被放大了，乳房和下巴、肩膀融为一体了，头部要么变平，要么随着感觉的强度而变得鼓胀。画面有些位置的颜料被模糊涂抹，仿佛作者的表达能力已不足以描绘这种体验的快感。当我看到这幅画像时，我看到了一个从麻痹的自我意识中释放出来的女人，她毫不在意自己的身体看起来是否像那些爱情电影和照片中所展现的标准姿势的样子。

假如我们能够专注于女性的愉悦感，是否就足以对抗我们文化中默许的性暴力和女性的痛苦？答案是否定的。但是，它能为女性（我们更希望是所有观众）提供一种全新的、更有力的模型，让她们摆脱对那些被劫掠或自我伤害的沉默、被动少女的身份认同吗？或许可以。更重要的是，她也许能让我们不再误认为年轻女子都应该是天真无邪的，然后坐视她们去面对少女的悲惨命运。西蒙娜·德·波伏瓦在《第二性》（*The Second Sex*）中写道：“正是因为女性被误导了，她们才会致力于让自己变得端庄、自负和精致，努力开发身上那些华而不实却令人着迷的品质。”但如果我们拒绝这些塑造自身女性气质的形象呢？

然而，将享受快乐作为一种解放自我的方式是有风险的，尤其是在我们这个通常不能容忍女性独享快乐的世界。正如安吉拉·卡特在《赛德女人》（*The Sadeian Woman*）一书中所述：“在一个不自由的社会里，自由得随心所欲的女人会被当作怪物。”接下来，就让我们来认识一些这样的女怪物。

第四章

女怪物

Chapter 4

Monstrous Women

2017年，华盛顿爆发了反对特朗普总统就职的“女性大游行”①运动，在人们高举的手绘横幅中，有一条标语反复出现：“我们是你没能烧死的女巫的后代。”这句话出自蒂什·索沃于2015年出版的小说《布莱克布鲁克的女巫》（*The Witches of Blackbrook*）。如今，它和其他有影响力的观点一样，也被商品化了，我们随时可能在运动衫、手提袋、马克杯或是其他类似商品上看到它。这句话引起了21世纪女权主义者的共鸣，将历史上对既不遵循男权制的规则，也不符合既定标准的女性的压迫展露无遗。 160

在该运动开始前的几个月里，随着美国总统竞选愈演愈烈，一个以民主党总统候选人——前国务卿希拉里·克林顿为原型的女巫形象开始在互联网上出现。希拉里·克林顿这位野心勃勃又大权在握的年长女性虽远称不上完美，却也给父权社会带来了实实在在的威胁。起初，选票情况比较乐观，她当选美国总统似乎已成定局。但希拉里的对手在她的竞选活动中精心策划了大量女巫、妓女和怪物的形象。随着“左翼邪恶女巫”和“恶毒的女人”等污名变成了她的代名词，互联网上充斥着大量希拉里被丑化的照片。

希拉里·克林顿并不是唯一一个被贴上女巫、怪物标签的有政治影响力的女性。这是人们的一贯伎俩，目的是让那些有权力或影响力的女性远离谈判桌。1908年，英国政府制作了

---

① 该游行由女权组织“Women’s March”组织，在2016年11月9日（选举日后一天）公布游行计划，并在2017年1月21日（特朗普宣誓就职后一天）组织了包括各界名人在内的数十万人走上华盛顿街头进行游行，美国其他城市也有数百万人举行自己的游行。目前此次游行已经成为美国历史上单日规模最大的游行。它旨在宣扬权利平等，包括女性、移民、LGBTQ等群体的权利，同时也针对特朗普就职。——译者注

一张反对妇女选举权的海报。海报上画着一只野兽，这只野兽用它的一双斗鸡眼凝视着画面之外，暗示着它有限的智商或社会能力；它还张着硕大的嘴巴，露出尖利的牙齿。它脏兮兮的皮肤非常粗糙、满是皱纹，鼻子、厚嘴唇和棕色皮肤都是在夸大种族特征并对其进行贬损。从它头上戴着的花环可以看出，这只野兽代表女性，或者更确切地说，是一只伪装成女性的怪物。它头发上的绿色丝带和身上的紫色连衣裙呼应了妇女社会政治同盟标志的颜色，再加上“我们想要投票”的标题，人们很容易将这只野兽和妇女参政者联系在一起。这个不够女性化的怪物给政治领域的男性权威带来了威胁，扰乱了事物原本的自然秩序。

事实上，不论是女巫，还是女怪物，她们都有着同一个原型。她们非常危险又难以捉摸，挑战了我们在这本书中看到的所有理想女性的形象。她们用衰老的身体和殷红的经血来对抗维纳斯的经典形象（所有在维纳斯形象中被压制的特征都在女怪物的身上被发挥到了极致）。她们用毫不掩饰的性欲破坏了少女的贞洁。她们既不会屈从于丈夫，也不会专属于伴侣。她们要么沉醉于自我解放的独立，要么致力于女性的事业。这群女怪物知道别人不知道的事情：她们不仅掌握着事实的真相或魔法咒语，而且还了解关于身体、时间、死亡和生殖能力的奥秘之源。她们成长和衰老的方式反映了所有事物必然的运转与衰退规律。她们身处家庭之外，与大自然紧密相拥，远离女性化的私人空间。尤其可怕的是，她们对自己的力量心知肚明。

不论她们是独立的年长女性、植物医生、助产士、土地所有者，她们在我们的历史中始终扮演着被排斥和被诋毁的角

匿名作品,《我们想要投票》，1908年，伦敦政治经济学院图书馆，伦敦图片库博物馆收藏。© 伦敦博物馆

色。她们是异类，是习惯于表达而不是压抑自己的欲望和野心的女性。在这个已经限定了女性行为框架的世界里，她们却尝试去做或正在做着出格的事情（比如成为美国总统）。出于所有这些原因，她们给父权制的标准理念带来了威胁，也成为女性的威胁——因为她们让女性看到了其他生活方式的可能性。

1993年，芭芭拉·克里德[①]在其具开创性的女性怪物研究著作中指出："所有人类社会都有关于女怪物的概念，指的是那些不安分、骇人、粗鄙的女性。"跨越地域和文化，女怪物形象有很多相似之处。

无论是在小说、神话中，还是现实世界的犯罪故事中，几乎所有的女怪物都有着贪婪、不同寻常的性格，僭越并凌驾于男性的阳刚气概之上。有时，她会以迷人的蛇蝎美人的形象出现，令那些渴望拥有她的男人和渴望成为她的女人欲罢不能。从《圣经》到维多利亚时代的绘画，再到黑色电影和21世纪的电视节目，她的身影随处可见。蛇蝎美人似乎什么都不缺——她拥有独立的自由，满足于享受男欢女爱。但她也要为此付出代价：被社会排斥，成为男性攻击的焦点，最终往往以毁灭为结局。因此，她是一个警世故事，警告女性不要过于贪婪。

女怪物的身体内部似乎是一个沸腾的谜团，唤起了我们对古代母亲和未知起源的原始恐惧。这种恐惧并不仅存在于古老的民间传说中，还出现在20世纪关于怪物的恐怖电影

---

① 女权主义理论家芭芭拉·克里德在她的著作《怪物女性：电影、女性主义和心理分析》（*The Monstrous-Feminine: Film, Feminism, Psychoanalysis*）中提出了"怪物女性"的概念，探讨了性别在构建女性怪物时的重要性。——译者注

中，从吞噬活人的《变形怪体》(*The Blob*)到雷德利·斯科特的《异形》(*Alien*)，这些致命的女怪物脱离了男人的掌控，并且能够大量地自我繁殖。此外，还有人们对月经的无法抑制的恐惧，这种恐惧至少可以追溯到古希腊时期，并在之后的几个世纪里通过众多宗教组织得以延续，它让人们(甚至女性本人)对女性的身体感到困惑，将她们看作痛苦、肮脏、丑陋、罪恶和无力的东西。

2016年美国总统竞选期间，在众多丑化希拉里的可怕形象中，有一种形象格外醒目：大量由希拉里的面部特征和美杜莎的神话形象叠加而成的表情包。美杜莎是神话中的蛇发女妖，是女王、女巫和怪物的结合体，她的目光可以让任何她所看到的人变成石头(如果把它看作一种警示的话，它提醒着人们女性的目光会有多么可怕)。在希腊神话中，美杜莎最终被英雄珀尔修斯消灭。珀尔修斯是唯一一个有勇气斩下美杜莎蛇形头颅的人。

在特朗普竞选期间，希腊英雄珀尔修斯和蛇发女妖美杜莎的形象被印在马克杯、T恤衫、手提包上，特朗普代表着冷酷的胜利者珀尔修斯，而希拉里则是被斩首的美杜莎。作为渴望权力的男性领导者，特朗普并不是第一个利用“被击败的女怪物”来表现其政治控制力的人。特朗普宣传策略的原型是《手持美杜莎头颅的珀尔修斯》(*Perseus with the Head of Medusa*)，这座雕像现在正矗立在佛罗伦萨最著名的城市大道——佣兵凉廊(也是詹博洛尼亚的雕像《劫掠萨宾女子》所在的地方)。1545年至1554年，受独裁统治者兼美第奇王朝成员科西莫一世公爵的委托，本韦努托·切利尼创作了这尊青铜雕塑。科西莫一世公爵将自己比作当世的英雄珀尔修斯，他以这座雕塑作为公开的视觉宣言，对任何

165 可能威胁到他权威的反对者公然宣布：所有敌人都将被屠杀。

切利尼的雕像展现了恐怖女妖身上离经叛道和桀骜不驯的品质。珀尔修斯冷酷地高举着美杜莎被砍下的头颅，上面的蛇发还在四散蠕动着，美杜莎被斩断的尸身扭曲地躺在他的脚下，渗出蛇形的血痕。这是一个被完全静止和物化的女性身体，也是科西莫一世维持对佛罗伦萨共和国的统治的必要条件。

因此，从16世纪到21世纪，人们一直将美杜莎和珀尔修斯的故事看作面对女性威胁时男性英雄主义的象征。但实际上，这个故事恰恰承认了女性的力量。被切利尼的雕塑永世纪念，以及在特朗普竞选宣传中被借用的胜利斩首时刻，并不是这个神话故事的最终高潮。珀尔修斯之所以杀死美杜莎，并不是因为她对他构成了直接威胁，而是因为她的死亡能够帮助他成为英雄。珀尔修斯是母亲达娜厄未婚时被人强奸所生，在他出生后，预言说达娜厄的父亲将来会死于他的手中，出于愤怒和恐惧，他的外祖父就将他和达娜厄一起装在箱子里，并扔进大海。他们漂流到了塞里福斯岛，岛上的国王波利德克特爱上了达娜厄。这令珀尔修斯很是不满，因为他不想让母亲和另一个男人发生关系。由于他总是从中作梗，波利德克特便将他派去执行一项有去无回的任务——把女妖美杜莎的头颅带回来——他以为珀尔修斯必将因此命丧黄泉。不料，珀尔修斯一路过关斩将，找到了美杜莎藏身的洞穴，他用盾牌当作镜子，成功避开了美杜莎的目光，非但没有被她变成石头，反而最终将她斩于剑下，成了英雄。他把美杜莎的头颅装在一个特殊的袋子里，带回塞里福斯岛，并用它将波利德克特和他的朝臣都永久地变成了石头。最后，珀尔修斯把美杜莎的头颅交给了战争女神雅典娜，雅典娜把美杜莎的脸镶嵌在自己的盾牌上，借用她那双邪恶的眼睛来抵御其他黑暗势力。这才是故事的最终结局，也是艺术和文化史上几乎从未出现过的结局：珀尔修斯夺走了美杜莎独一无二的魔力，并利用它为自己谋得了利益。换言之，这位英雄实际上是被怪物成就的。

长久以来，美杜莎的可怕形象都深深地被刻在高雅文化和通俗文化中，毋庸置疑，她就是恐怖的象征。她被斩首的故事是希腊文化艺术中最早呈现的故事之一，可以追溯到公元前7世纪的花瓶彩绘艺术。但美杜莎的故事更加久远，在远古的故事中，她就有着“相互矛盾”的可怕魔力，她头部左侧的血可以致人死亡，右侧的血则能让死者复生。换句话说，她既能毁灭生命，也能让人重生，这种力量还被治愈和医药之神阿斯克勒庇俄斯利用，来治疗战场上的伤员。

美杜莎的早期身份和蛇化特征非常复杂，随着时间的推移，她的身上又融入古希腊和北非女神的各种特性，这让她的属性变得更加混杂不清。她的祖源与希腊女神雅典娜的祖源之间有着盘根错节的联系——雅典娜曾经是古代利比亚的蛇女神，被称为阿纳塔，由古埃及的三重女神奈斯（意为“可怕的人”）演变而来。奈斯被尊为宇宙的创造者、“众神之母”和“过去、现在和将来的一切”。奈斯的三重身份之一是蛇神，象征着造物者所必需的智慧和破坏力。

我们有必要先来探讨一下关于蛇的寓意。根据《圣经》故事记载，人类在伊甸园堕落之后，蛇才变成了邪恶、贪婪和狡诈之物。在此之前，蛇是女神的智慧、再生、治愈和不朽的古

167 老象征。蛇被认为和月亮有关，月亮的阴影随着它的圆缺而脱落——就像蛇蜕皮一样。因为月亮周期与孕育生命的子宫的生理周期（另一个脱落和再生的周期）一致，因此蛇也象征着生育和分娩。出于这些原因，美杜莎代表着开天辟地以来一直备受尊崇的大地之母。[29]有些研究者甚至将她与古埃及城市扎乌的一所医学院联系在一起。这所医学院专门从事妇科、产科和女医生的教育，据猜测可能曾由出生于公元前2700年左右的女医生裴瑟珊掌管。

美杜莎还与古希腊的母系社会有关。例如，一些史料记载，早在公元前6000年，她就是亚马孙人的女祭司或女王。亚马孙人是一个起源于古利比亚的母系部族，她们是一群善于使用长枪作战的女战士，据说她们发明了骑兵，以英勇、野心和好战而著称。[30]远到荷马的《伊利亚特》（*Iliad*），近到21世纪的“神奇女侠”漫画，她们的形象已深深地铭刻在人们心里。然而，在存世的希腊和罗马虚构神话故事中，并没有关于她们真实的特征和身份的记载——这些故事热衷于将她们描述为女同性恋者、食人族、男婴杀手，以及毫无母性的人。从这些诋毁可以看出，长久以来，人们对以离经叛道的方式生活的女性群体充满了忌惮，这和他们对16世纪的女巫，以及对19世纪追求独立生活的女性所表现出的恐惧如出一辙（我们很快就会讲到这一点）。

诸多关于美杜莎的错综复杂的神话故事告诉我们，几千年来，她始终是女性力量的代表——她是掌管治愈、分娩、永生和学问的母亲之神，也是女性生殖保健和女性医生教育的推动者，同时还是一位母系社会的精神领袖。如此强大的美杜莎是如何被诋毁成可怕的女恶魔，并让男性英雄借助她自身的力量来战胜她的？关于她的其他版本的神话又为何会如此鲜为人知呢？

有一种理论认为，由于美杜莎和亚马孙人代表着母权制，对于当时正在开拓殖民地的希腊人来说，推翻她们并建立自己充满阳刚之气的父权制国家是十分必要的。（雅典帕特农神庙的外墙上就雕刻着希腊人打败亚马孙人的故事，颇有炫耀之意。）英雄珀尔修斯战胜美杜莎的故事在许多方面与希腊人战胜亚马孙人母系势力的故事并无区别，并且关于二者的真相也都以同样方式被湮没在了历史的深渊之中。即使是现在，一些历史学家也从不承认母系社会存在的可能性，他们不愿承认女性曾拥有一妻多夫制的生活、是英勇无畏的统治者，并利用男性获得性爱快感和生儿育女。他们坚称，这些不过是人们虚幻的想象而已。因为否认一个可信的先例，就等于否认了父权制被替代或曾经被替代的可能性。但是，最近在俄罗斯西部进行的考古发掘活动不仅证实了亚马孙部落的存在，还证明了这些部落女性的生活方式与我们想象中祖先的生活方式大相径庭，例如，她们可以既是伟大的母亲，又是骁勇的战士。她们似乎兼顾了我们社会中看似不可能相容的两个对立面，实现了我们理想的生活。这让我感到兴奋不已。（最重要的是，我幻想着假如这些女性统治者取代圣母玛利亚成为母亲身份的象征，那将会带来多么有颠覆性的改变。）

但希腊人可能不愿意看到由至高无上的母系神明来掌管生存与死亡、毁灭与创造的故事，于是他们杜撰出了新的神话，将至高无上的生殖能力赋予男性神明。美杜莎的身份与雅典娜的母亲、希腊女神墨提斯有关，雅典娜是在她的父亲宙斯吞下墨提斯后从宙斯的头上诞生的。[1]这也许会让你想起第一章中讨论过的“维纳斯的诞生”，维纳斯是她父亲的身体器官所化——这是另一个改写女性生殖能力的故事。(我们将在后面的亚当和夏娃的故事中以及女巫的危害中看到类似的描述。)

尽管雅典娜和美杜莎都是由同一个三重女神(奈斯)演变而来的，但希腊人将女神雅典娜的贞洁与怪物美杜莎的淫荡对立起来，形成了现代人所熟悉的二元对立的早期版本。这种二元思维困扰着我们对世界的理解和看法、对女性的态度和评判，以及对性别特征的分类方式。也许通过重新认识女怪物，我们可以更加开放地看待女性，以及其他人的复杂性，允许女性兼有两种看似矛盾的身份特征。

再后来，罗马诗人奥维德又对美杜莎的神话进行了新的演绎。在奥维德的故事中，美杜莎不再是女神，而是一个美丽的凡间女子，海神波塞冬垂涎她的美貌，在雅典娜神庙里玷污了她。这件事让雅典娜勃然大怒，于是雅典娜把美杜莎变成了令人恐惧和厌恶的怪物。故事中的两位女性，一个因为过分美丽而承受了玷污的责罚，一个因为过分嫉妒而扮演了实施惩戒的角色，唯有男性施暴者得以全身而退。

在这个改编版的神话中，潜藏着对女性身体生殖功能的忌惮和控制欲。它篡改了美杜莎的生育和性爱的象征意义，将她变成了一个被玷污和被羞辱的受害者。于是，美杜莎受到了

---

① 在希腊神话中，墨提斯是宙斯的第一任妻子，也是掌管智慧的女神，墨提斯因被化身成一只苍蝇的宙斯强奸才怀上了雅典娜。盖亚和乌拉诺斯做出预言，如果生下的是个男孩，那他将会成为超越宙斯之神。宙斯惧怕子女带来麻烦，于是趁墨提斯还怀着雅典娜时将母女俩吞入腹中，打算消灭这对母女，同时吸收墨提斯掌管的智慧转为自己所用，但是墨提斯腹中怀着的雅典娜却从宙斯的头颅中诞生了。——译者注

父权社会对女性的终极惩罚——变得面目可怖。

美杜莎的怪物堕落之路并没有就此停止。到了15世纪，意大利人又用她的蛇形头发和致命凝视能力来表达对女性月经的厌恶。他们认为蛇会在经期女性的头发里产卵，只要她们看一眼镜子，镜子就会立即变脏或变暗（提出这一观点的人是马尔西利奥·费奇诺，他也正是维纳斯神圣女性审美的相关理论的创始人）。[31]他们还相信，女性的经血会毒害生命，能够令植物枯萎，让青铜变黑。

只有掌握话语权的人才能决定把谁变成怪物。正如历史学家米里亚姆·德克斯特所述："（美杜莎）提醒我们，我们不能只看女性'怪物'的表面价值……（还必须注意）父权文化的立场，为了社会所有男性的利益和安稳，父权文化创造了这个女魔头来代为受过。"[32]那么，美杜莎的早期起源和历史象征意义至今仍未在文化中得到承认，这又说明了什么？2018年，纽约大都会艺术博物馆举办了一场艺术和文化藏品中美杜莎相关形象的回顾展①，重点讲述了她由女神变成女妖的复杂经历。它是一种对美丽而可怕的女性的离奇幻想，只不过是简化后的、易于理解的。

在美杜莎及其身体的演变历史中，我们可以感受到一种恐惧，一种对女性身体、能力及生活方式的恐惧，这些恐惧将在后面的怪物形象中一一得以揭示。

由于美杜莎的北非血统，她的样貌和身体带着明显的异

---

① 纽约大都会艺术博物馆于2018年2月5日至2019年2月24日举办了专题展览"危险之美：古典艺术中的美杜莎"，这次展览展出了馆内收藏的60件艺术作品，通过呈现美杜莎、斯芬克斯、塞壬和斯库拉等古代世界神话中的"女妖"形象，探索她们对西方艺术发展的影响。——译者注

域特征，这使她不能为排外的希腊人所容。根据赫西奥德在《神谱》(*Theogony*)中的描述，美杜莎来自俄刻阿诺斯河以外的区域(该河流经希腊的边界)，希罗多德①更是明确将她定义为利比亚人，将美杜莎归为非洲血统，给我们提供了一种对女性恐惧的新的解读方式，曾经神圣高洁的美杜莎被玷污的身体，也可以象征着殖民地女性被强奸的身体，她的蛇形头发也对应了非洲人的卷发，与光滑、文明的欧洲发型截然不同。换句话说，美杜莎可以被解读为一个被压制和排斥的黑人女性，她的性格和她的头发一样，都是桀骜不驯、难以掌控的。

20世纪，关于女性美丽和气质的国际标准已经将黑色头发政治化了，尤其是黑人女性的头发。在美国，法庭上也曾出现过女性因拒绝剪掉或拉直自然黑发而被非法解雇的案件。但到目前为止，美国法院依然没有就黑人是否有权在工作场合保留头发自然状态的问题做出决议。在阿尔西亚·普林斯的《黑人女性头发的政治》(*The Politics of Black Women's Hair*)和艾玛·达比里的《别碰我的头发》(*Don't Touch My Hair*)等著作中，作者追溯了黑色头发从非洲人刚被奴役时起，就成为种族歧视的历史原因之一，甚至给了欧洲殖民者奴役和剥削他们的借口。

人们将黑发塑造成问题重重且难以驾驭的象征还有另一个原因，那就是掩盖它的美丽。这一目的在18世纪路易斯安那州制定的《提尼翁法案》(*Tignon Law*)中体现得尤为明显。这项法令要求克里奥尔的有色人种女性必须遮挡住她们的头发，这

---

① 希罗多德（约公元前480—前425年），古希腊作家、历史学家，他把旅行中的所闻所见，以及第一波斯帝国的历史记录下来，著成《历史》一书，成为西方文学史上第一部完整流传下来的散文作品，希罗多德也因此被尊称为“历史之父”。——译者注

样才不会引起白人男性的注意，也就没人会发现它比白人女性的头发更加迷人。这一种族定性的行为强化了黑人女性的头发与其被压迫的身份之间的关系，同时警告人们，那是一种极其危险的美丽，会让沉迷其中的人“堕落”。

正如为了符合以欧洲为中心的理想审美，黑发需要被拉直一样，为了维护白人和欧洲在古希腊文化中的核心地位，使其免受其他因素的“污染”，历史学家们也需要清理和粉饰古代文化中的黑色元素。1987年，英国学者马丁·伯纳尔撰写了历史著作《黑色雅典娜》(*Black Athena*)的第一卷，全书围绕的一个核心前提是，受人尊崇的古希腊文化实际上来源于北非的早期文化。他的论述引发了一场关于是否应该承认埃及的黑人属性和黑人主义的激烈争论。

许多艺术史课程想当然地将希腊和罗马的古代文化视为“文明诞生”的起点，并将其作为授课的核心内容。他们对西方文化的研究也往往遵循一个固定的程式——开始于公元前5世纪的雅典，经历了古典文明衰落的黑暗时期，直到文艺复兴再度点燃了世界文明的熊熊圣火——这是一个古典时代的思想、绘画和故事被重新激发与创作的过程。从雅典的帕特农神庙到米开朗琪罗的西斯廷教堂天顶画，再到此后的诸多作品，都被人们奉若至宝。然而，那些在此之前或介于其间出现的作品往往要么被故意无视，要么被边缘化。对这些艺术作品的讨论和解读通常也只围绕着艺术家借鉴了(或排斥了)哪些古希腊与古罗马的文化元素，而来自欧洲以外的和非男性艺术家的文化创作却被完全略过不提。

如果你认为这些问题只关乎于艺术史课程的特权学习，

对外面的世界并没有什么影响，那是因为你还没有意识到，希腊和罗马的古典父权文化已经被白人至上主义的政治团体操控了。20世纪，独裁者希特勒和墨索里尼都将古典艺术的符号与象征作为有力的政治武器，而另类右翼、反女权主义和白人民族主义团体也一直利用它来鼓吹他们的立场。

根据早期北非人对美杜莎的崇拜，我们有理由怀疑，美杜莎可能是源自利比亚的非洲黑人神灵。尽管古典文学学者始终致力于摆脱和打消这一猜测，但是后来的黑人艺术家和诗人却将人们对美杜莎的玷污、抹杀与羞辱看作他们自身经历的象征，这是一件非常有意义的事情。

1993年，在伦敦当代艺术学院的一场演出中，诗人多萝西娅·斯马特就明确表达了这种象征。斯马特是一名黑人女同性恋者，布里克斯顿附近的孩子们将她称作“美杜莎”——带着明显的种族诋毁之意。于是，怪物和女神便成为她诗歌中永恒不变的主题。斯马特笔下的“毛茸茸的卷发过于污秽，过于粗糙，过于任性，过于丑陋，过于乌黑”揭示了白人文化特权和白人审美标准是如何将怪物形象投射到黑人身体上的。在当代艺术学院的表演中，这位诗人还原了希腊早期神话中美杜莎的一些特征，她将头发梳成“洛克斯”式，表现出美杜莎在神话中的象征寓意。她的诗歌呼吁我们重新审视美杜莎那张开的、似乎正在发出尖叫的嘴巴，鼓励我们将其理解为美杜莎正在竭力发出的请求，请求人们去倾听和了解她的真实身份，而不是由别人塑造的身份。

在近期的流行文化中，美杜莎和她的矛盾力量、性感魅力以及“另类”特征，一起被映射到了黑人女性的身上。2013年，在《GQ》杂志25周年的封面上，英国艺术家达米安·赫斯特将歌手蕾哈娜设计成了美杜莎的模样。照片中，由蕾哈娜扮成的美杜莎有着与生俱来、放荡不羁的性诱惑力，看起来既危险又让人欲罢不能。在这本供男性消遣的杂志的封面上，通过一位白人男性艺术家的视角，观众既可以和黑人女性保持安全的距离，又能够安逸地沉浸在对她们的性幻想之中。这期杂志还登载了对赫斯特的采访，他在访谈中评价蕾哈娜很“邪恶”，他还继续解释说：“你知道吗，她坏透了。”

一方面，从历史和文化上来看，这张照片带有明显的种族歧视色彩，当我们看到黑人女性装扮成神话中的怪物，成为“邪恶”的象征时，我们实际上是在接收一种厌恶、污蔑黑人女性的信号。[我们可能会发现她与萨尔特杰·巴尔特曼（又名“霍屯督维纳斯”）的性特征有着相似之处，她们都像动物一样，有着可怕、怪异、进化不完全的身体。]从古希腊文化对美杜莎的贬斥到后来的黑发政治，殖民主义的凝视无处不在，蕾哈娜所扮演的美杜莎有着独特而危险的性魅力，也契合了他们对有色人种女性的刻板印象。

另一方面，我们也可以将蕾哈娜饰演的美杜莎看作对黑人女性身份的重塑，一种对美杜莎的黑人身份、女性魅力和自信力量的凝聚与赞美。

20世纪初，当美杜莎的神话落到西格蒙德·弗洛伊德的手上时，他把她改写成一个让男人闻之丧胆的怪物。弗洛伊德将美杜莎洞穴一样的嘴巴称为吞噬男性的“黑洞”。其实，这也不是弗洛伊德一个人故意臆想出来的——世界各地都有不同版本的民间传说。

我们越细想就越会觉得这个概念异常可怕，它将女性的嘴巴看作黑洞，完全剥夺了她们说话、自我表达和身份认同的权利。这一观念在日常的性别微歧视[1]中仍然表现得非常明显，比如，男人们总是喜欢将女性公开发表的言论轻蔑地称为“刺耳的尖叫”，并对她们进行各种陈腔滥调的“男式说教”，这些都表明他们根本无法容忍女性发出理性、科学的声音。

当代印度艺术家米苏·森在她的作品中明确地表现了女怪物语言表达的威胁性。她并没有像大多数艺术评论那样，为探索女性体验的女性艺术家进行理性的辩护。相反，她的行为艺术以一种刻意、难以理解的混乱语言为表现方式，她将之称为“语言的无序状态”。在她2019年的表演《非男性说教》(*Unmansplaining*) 中，森向人们展示了传统上男性和女性的声音被区别对待的方式：男性的声音代表着文化的理性和权威，而女性发出的则是一种胡搅蛮缠、歇斯底里、扭曲事实的声音。

在威尼斯双年展上，米苏·森身着一袭深红色的长裙出现在众多艺术评论家面前，房间里播放着男性艺术评论家关于艺术和女权主义的评论的节选录音，她挥舞着一根手杖，一边在房间里性感地走动着，一边发出一连串充满敌意、尖锐刺耳的怪异声音。森以这种方式将东方女性的原型表现为念着难以理解的咒语的“巫术女神”——这是一种对亚洲女性的曲解，也正是这位艺术家致力于去纠正的偏见。

森的表演可以被视为艺术家开展的形形色色的“去神话

① 微歧视（microaggression），也就是不易被人察觉的细微的歧视行为。微歧视不同于普通歧视，表面上并未有露骨的攻击意味，多表现在日常语言、肢体语言，或者其他环境中对特定对象（如少数族裔、有色人种、残疾人、女性）进行有意或者无意的轻视、怠慢、诋毁和侮辱等。——译者注

化”活动之一——这是一个对女性身体的解读方式和象征意义的遗忘过程，用以揭示各类神话故事中对女性的压制和诋毁。

知识是“人类堕落”的关键：亚当和夏娃因为品尝了智慧树上的禁果而被逐出了伊甸园，这一错误被普遍归咎在夏娃身上，因为她想知道的太多了（和上帝一样多）。在米开朗琪罗的天顶画上，莉莉丝似乎打断了夏娃给亚当带来的快乐，并给她带来了新的领悟。这样看来，亚当的新婚妻子和第一任妻子似乎成了同谋。

尽管莉莉丝如此重要，但大多数参观西斯廷教堂的游客并没有给予她太多关注。天顶画中被复刻最多的画像反而是《创造亚当》[①]（*Creation of Man*），当上帝和亚当的手指触碰在一起时，“第一个男人”以上帝的形象被注入生命之源。但是，如果说亚当是按照上帝的形象创造的，那么夏娃就是在完全不同的环境中产生的——她取自亚当的一根肋骨，就像从树上剪下的一根枝杈一样。在这幅天顶画的前一个场景中，我们看到夏娃以成熟女人的形象出现在亚当的身侧。她的身体凹凸不平、轮廓不明，正在躬身向上帝祈求着什么，而上帝看起来却怒容满面，似乎从她出生的那一刻起，上帝就在斥责她。

在基督教的创世故事中，只有男性的身体才能繁衍后代：上帝创造了亚当，亚当创造了夏娃。而女性的身体则被视为次要的、不完整的衍生物。我们甚至可以在神话故事中找到更多

---

① 《创造亚当》是米开朗琪罗于1511年至1512年创作的西斯廷教堂天顶画《创世记》的一部分。该壁画描绘的是《圣经·创世记》中上帝创造人类始祖亚当的情形，按照事情发展顺序是《创世记》天顶画中的第四幅。它是世界名画之一，后世出现了许多《创造亚当》的仿作。——译者注

类似的否定女性生殖功能的例子，比如雅典娜出生于宙斯的头骨中，维纳斯出生于她父亲乌拉诺斯被割掉的睾丸中。所有这些故事都表达了人们对依赖女性进行生育活动时的不安。

在19世纪，莉莉丝经常出现在绘画和文学作品中，维多利亚时代的人们用她来表达对所谓“新女性”的担忧，“新女性”是在迅速发展的女性解放和选举权运动中涌现出来的一批女性的总称。她们有时也被称为“维拉戈斯”——这个词自古以来就被用来形容“女战士”或具有男性品质、野心和欲望的女性。维拉戈斯对维多利亚时代的性别本质主义[1]社会构成了威胁，因为她们要求进入曾经专属于男性的专业领域并获得平等的教育。

为了削弱莉莉丝，维多利亚时代的艺术作品将她性客体化了。即便是在当代，性客体化也仍然是削弱聪明、强大的女性的首选方式。英国艺术家约翰·科利尔1889年的画作《莉莉丝》(*Lilith*)将这种方式发挥得淋漓尽致：大胆主动的莉莉丝被描绘成了一位皮肤白皙、美丽性感的裸体女郎，她用鼻尖蹭着一条蟒蛇，蟒蛇缠绕着她玲珑有致的身体，将她束缚在恣意的快感中。事实上，这幅画像把强大、独立的莉莉丝变成了维纳斯(带有被捕获的少女的意味)，以达到驯服并抑制她的目的。

莉莉丝的人物形象也出现在当代流行文化中，比如电子游戏和《真爱如血》(*True Blood*)等电视剧的吸血鬼故事中都有她

---

① 性别本质主义是指将社会性别制度和社会性别文化造成的男女在群体特征、行为方式、性别分工、社会地位等方面的社会差异或社会不平等（如男刚女柔、男优女劣、男强女弱、男外女内、男主女从、男尊女卑等）归因于其生物本质差异，尤其是将女性的从属地位和低素质归结于她们与男性不同的生理特征。性别本质主义是中外传统性别文化的理论核心和控制女人的最得力的手段。——译者注

的角色，还被女权主义者和酷儿①群体用作其抗议活动的符号。在20世纪70年代的第二波妇女运动中，莉莉丝成为性自由和经济独立的女性典范，尤其对犹太女权主义者和神学家来说，莉莉丝是不愿意顺从丈夫、不畏惧离开安逸的伊甸园（或核心婚姻）的女性英雄楷模。[33]此外，莉莉丝也是酷儿女性的榜样，她们认为她可以帮助自己摆脱始终排斥和压迫她们的社会规范，一些女权主义读物还将亚当的两任妻子之间的关系解读为隐蔽的同性恋关系。[34]

大约在同一时间，艺术家西尔维娅·斯莱为一个名为《姐妹教堂》（*Sister Chapel*）的女权主义合作艺术项目绘制了一幅莉莉丝的画像。该项目的临时装置于1978年1月在纽约长岛市的PS1现代艺术中心首次展出，项目发起人、艺术家伊莉丝·格林斯坦解释，这个项目是对西斯廷教堂天顶画中《创世记》（*Genesis*）故事的有意对抗。《创世记》让女性成为激怒上帝并祈求上帝宽恕的罪魁祸首，从而构建了一种厌女的世界观。

与之相反，格林斯坦的《姐妹教堂》艺术装置是一个搭建成子宫形状的帐篷，里面展出了11幅关于历史中、当代和神话中女性的杰出画作，包括勇士圣女贞德、美国妇女运动领袖贝拉·艾布扎格、艺术家弗里达·卡罗和阿特米西亚·真蒂莱斯基、女权主义作家和活动家贝蒂·弗里丹，以及莉莉丝和印度宗教女神杜尔加等神话人物。这是一个关于女性力量、智慧、创造力和学识的非宗派谱系，它向人们提出了这样一个问

① “酷儿”即queer，是所有不符合主流性别规范的性少数群体所使用的身份、政治和学术用语。——译者注

题:“在男人与上帝的关系中，女人在哪里？”不过，它和芝加哥的《晚宴》一样，也暴露了由白人主导的世界观。

展出期间，这件作品引起了人们的广泛共鸣，获得了大量认可；颇具声望的评论家劳伦斯·阿洛韦将其描述为“期待已久的女性政治形象”。然而，40年来,《姐妹教堂》始终寂寂无闻，直到2016年，新泽西州的罗文大学美术馆才为它提供了一个固定的展位。

这些在20世纪70年代女性运动中产生的不知名作品也给21世纪的电视剧创作带来了影响。比如菲比·沃勒-布里奇的热播电视剧《杀死伊芙》(*Killing Eve*)，整个剧情围绕着伊芙这一角色展开，伊芙是一名不得志的情报员，她的直觉和智慧丝毫得不到上级的器重。她的婚姻和事业都已陷入停滞状态，每天庸庸碌碌地生活。当光彩照人的薇拉内尔出现在她面前时，她看到了新的人生方向，于是她开始追踪薇拉内尔——一位装扮时髦却痴迷于性爱和暴力的变态雇佣杀手。故事中的两个女人开始对彼此着迷，这也是第二波女权主义运动中夏娃和莉莉丝之间故事的重现：两个女人都脱离了她们生活中男人的掌控(不管是丈夫还是上司)，自由地追求个人欲望和自我满足，这也成为贯穿该剧三季的主题。薇拉内尔和莉莉丝一样，给伊芙或夏娃带来了独立生活，唤醒了她的自我意识和酷儿性别的可能性，让她敢于打破舒适、因循守旧的异性恋生活方式。

话虽如此，但这部电视剧未必就代表着有些人所宣称的“女权主义的彻底胜利”。薇拉内尔的人物设定不可避免地把她带回“蛇蝎美人”的刻板形象。按照艾米丽·努斯鲍姆在2019年的《纽约客》中的评论：这部电视剧将“谋杀和女同性恋联系在一起，就像把两种美食混合在一起，味道就能变得更加美味一样”。正如努斯鲍姆所说，如今观众在电视剧中所喜欢看的东西与30年前的电影《本能》(*Basic Instinct*)十分相似，它们都将同性恋和凶杀结合在了一起。在1992年《本能》的首映式上，该电影就因将3个反派人物都刻画为同性恋者而遭到了严厉的抨击，人们认为这是憎恶同性恋的表现。

古典神话中并不缺乏可怕的女怪物形象，她们是父权社会的噩梦，并为艺术和文化中的厌女症提供了素材。另一个常见的女怪物是狮身人面的斯芬克斯——希腊神话中长着女人的头和乳房以及狮子的身体的混血生物，有时还有蛇的尾巴和鹰的翅膀。在埃及神话中，斯芬克斯雌雄同体，是沙漠陵墓的守护者，但在希腊神话中，她是一只凶恶的雌性野兽，守卫着底比斯城的入口。斯芬克斯代表着众神的惩罚，她的可怕之处在于，她会将答不出谜语的人活活吞掉。

斯芬克斯体现了人们对女怪物一贯的恐惧：她是一个有着自己的想法和智慧的复杂女人，会吞噬那些不理解她的人(就像美杜莎的齿状阴道会阉割男人一样)。在希腊神话中，英雄俄狄浦斯猜中了她的谜语：什么东西只有一种声音，开始时有四只脚，后来有两只脚，再后来有三只脚？答案是人类。斯芬克斯被俄狄浦斯击败，于是跳下悬崖摔死了。俄狄浦斯获得了胜利，并因此成为底比斯的国王。这又是一个男性英雄通过消灭女性邪恶势力来获取政权的例子(对应了珀尔修斯和美杜莎的神话故事)。

除此之外，斯芬克斯也是19世纪末和20世纪初绘画作品中备受青睐的原型。弗朗茨·冯·斯塔克、爱德华·蒙克和古斯塔夫·莫罗等艺术家将斯芬克斯描绘成一个噬人的女兽人，

181 她既是他们的噩梦，又能满足他们的性幻想。她的杂交形态代表着她的“退化”。在查尔斯·达尔文的进化论深受推崇的年代，人们用斯芬克斯来表现所有女性的退化，揭露她们比男性“进化程度更低”的本质。

和其他女怪物原型一样，斯芬克斯的形象也没有被局限在美术馆里。1922年，伯纳德·帕特里奇在政治杂志《笨拙》(*Punch*) 上刊登了一幅漫画，画中的斯芬克斯在大选投票时，故作神秘地向观众挤眉弄眼。她的短发造型体现了第一代女性选民中的先进分子喜爱的时尚形象。但很明显，与其说帕特里奇的漫画是在歌颂普选权，不如说它是在暗示女性是一个极度堕落的群体，不该被赋予选举权，赋予她们新的权利势必会造成混乱。

20世纪30年代的欧洲艺术家仍然钟爱“蛇蝎美人”的形象，她似乎从未远离超现实主义艺术家的梦想。在各种政治运动中，人们常会用到凶残的雌性螳螂的隐喻——雌性螳螂会在性交后将雄性配偶吞食。女性艺术家该如何去对抗这些关于女性的性行为和残暴行为的荒诞可笑的诋毁呢？尽管到了20世纪，女性可以接受专业的艺术培训，但她们仍然会受社会礼教的限制，往往只能以知名男性艺术家的情人、学生、缪斯或妻子的身份来获取进入先锋艺术领域的权利。然而，超现实主义艺术家莱昂诺尔·菲尼拒绝了所有这些令人窒息的角色后，她将自己定义为风流的迷人怪物，经常戴着猫或母狮的面具，享受着自由的性爱。

就像西尔维娅·斯莱改变了莉莉丝的二元性别一样，菲尼也让斯芬克斯变得与众不同，她摒弃了传统的斯芬克斯形象中堕落蛇蝎美人的概念。在菲尼的画像中，她创作了一群具有矛盾形态的女巫，她们拥有那个时代女性所欠缺的力量和复杂性。菲尼将这些斯芬克斯所表达的寓意称为“两性的完美融合”。

在她的画作《斯芬克斯的牧羊女》(*Shepherdess of the Sphinxes*) 中，一位外表威严的牧羊女掌管着一群小斯芬克斯。她塑造了一种矛盾的形象：她的面部特征和头发符合女性的刻板原型，但她肌肉发达的双腿大张，跨立在一根手杖两侧，这让她看起来更加外表威严。这位女主角虽然赤裸着身体，但丝毫没有露出胸部，她的私处也被盔甲覆盖，让我们无法从她的身体上看到任何色情画面。

在看似难以理解的超现实主义幻想之下，《斯芬克斯的牧羊女》也象征着生物的有机生命本质——从衰败中再生，在腐烂里繁衍。它并未将斯芬克斯的生殖能力神圣化，也没有强调它们的女性特质或恶魔般的性欲。她们既不是神圣的母亲，也不是猖獗的怪物；她们生活在一个没有二元本质主义的世界里，在这里，滋养与破坏、出生与毁灭的力量自然而然地密切结合在一起了。

2014年，在体积庞大的布鲁克林多米诺糖厂被拆除之前，美国艺术家卡拉·沃克将一个黑人嬷嬷头像的斯芬克斯放置在空旷的工厂车间里。这座全长75英尺(22.86米)并裹有糖衣的雕塑被命名为《糖人，或是奇妙的糖宝贝》(*A Subtlety, or the Marvelous Sugar Baby*)。

这座建于19世纪80年代的糖厂见证了加勒比地区和美国南部的奴隶制度以及黑人劳工被剥削奴役的历史，被奴役的

莱昂诺尔·菲尼《斯芬克斯的牧羊女》，1941年，布面油画（46.2×38.2厘米），佩吉·古根海姆收藏，威尼斯（所罗门·R. 古根海姆基金会，纽约），76.2553PG 118。

男人、女人和儿童曾在这里从事种植与收获甘蔗的繁重劳动。这座斯芬克斯嬷嬷头像展现了在白糖难以言喻的雪白和甜蜜背后，隐藏着压迫和奴役的残忍历史真相，沃克通过这座黑人女性雕塑将它含蓄地表达了出来。

尽管这座“糖宝贝”具有一定的纪念意义，但它在首展之后就被销毁了，只让人们短暂地瞥见了这段对黑人女性身体的可怕奴役史。斯芬克斯嬷嬷的姿势参照了在沙漠中守卫法老陵墓的埃及狮身人面像，却用裹着头巾的黑人嬷嬷的头像取代了狮身人面像的头部——象征着对黑人妇女的压迫和剥削，在奴隶制被废除以前，她为白人家庭贡献了家务和情感的双重劳动。在嬷嬷严肃的脸庞下方，有一对丰满的乳房，一方面呼应了性感迷人的蛇蝎美人斯芬克斯，另一方面也代表着黑人嬷嬷作为代职母亲提供的慰藉，她们是白人孩子们温暖的避风港。

她左手的食指、中指和拇指结成了古罗马文化中“无花果”手势，这个手势常用于象征生育，或者表示“去你的”，这取决于人们如何解读。（也许二者并没有太大的区别。）

在这座斯芬克斯的雕塑面前，参观者们行为各异。有人痛哭流涕，有人则背负着殖民者的罪恶感羞愧地挪步走开。也有人会在斯芬克斯嬷嬷雕塑附近自拍，摆出粗鄙的姿势。看到这一幕，许多人为这座承载着黑人痛苦和剥削的身体再次受到侵犯感到难过，因为这种屈辱正是这部作品想要揭示的历史真相，如今却在游人眼前再度上演。艺术家沃克也在一旁冷眼旁观，并用摄像机拍下了参观者们的不同反应，后来，西柯玛·詹金斯画廊放映了这些录像资料。参观者们在沃克的斯

卡拉·沃克,《糖人，或是奇妙的糖宝贝》，是对那些无偿工作、过度劳累的工匠的致敬，他们在多米诺糖厂即将被拆除的情况下，从甘蔗田忙碌到现代厨房，只为给我们提炼甜味。艺术作品：多米诺制糖厂，创意时代项目，布鲁克林，纽约，2014年。摄影：杰森·维奇。

芬克斯雕塑前或漫不经心，或滑稽古怪的行为也成为这部艺术作品的一部分，它们一起提醒着我们，一件艺术品的价值不仅仅存在于墙上、基座上或博物馆里，还取决于它的参观者以及他们赋予它的意义。

在这座雕塑的不远处，艺术家还为观众预备了一幅拼贴海报，提示我们该如何理解这位“奇妙的糖宝贝”的复杂含义和与其他事物的关联性。

我们很难在这部作品中找到具体的意义：我们无法将斯芬克斯嬷嬷融入令人折服的古典文明，也不能通过排斥黑人女性的西方文化框架来解读她。我们可以将菲尼的斯芬克斯理解为两个完全对立的“完美融合”，但沃克的斯芬克斯嬷嬷却不行，它所传递的是关于黑人和白人之间角色的强烈转换。至于黑人的经历是如何被塑造成反映白人生活故事的，却始终是个谜。这一过程本身也呼应了将黑色原料提炼为白色物质的制糖过程，象征着古典历史对其非洲起源的掩盖和抹杀。

不管是斯芬克斯嬷嬷，还是莉莉丝或者美杜莎，这些怪物让原本被掩藏在深处的复杂真相浮出水面，扰乱、煽动、动摇和拒绝了人们将其简化后的完美寓意。我们可以回想一下自己是如何看待艺术，如何学会期待一种特定的结果——一种固定的寓意的，让我们确信自己已经掌握了破解的密码或潜在的信息，抓住了艺术家的创作意图。但是，我越仔细琢磨，就越觉得这种对艺术作品完美寓意的追求实则是一种暴力——我们用矮化和遮掩的方式使作品变得易于理解，并通过这种方式将其占有。

如果你在互联网搜索引擎中输入“女巫”这个词，一定要先做好心理准备。当你按下确认键，页面上会立即涌现出大量面色铁青、扭曲咆哮的嘴脸，接着会出现长长的白发，然后逐渐会出现戴尖顶帽子、穿亮片衣服和吊带袜、穿着紧身胸衣和斗篷的夸张卡通人体，或是头发柔顺、手拿扫帚的小女孩。从《绿野仙踪》到安吉丽娜·朱莉出演的《沉睡魔咒》，从好莱坞电影的剧照中一路筛选下来，你会发现一些不错的年轻女巫形象：漂亮而愚蠢的复古女巫会用自己的魔法来做家务，或者穿着露脐装和过膝长靴的年轻女巫打着女权主义的幌子在街上游行。但是，也有一些历史中的木刻作品夹杂在这些图片当中，上面刻画了被烧死、被绑在木桩上或被吊死在绞刑架上的女性。即使是粗略一瞥，我们也能从中得知，这些可怕的女巫形象是为了抑制女性才被创造出来的，她们要么被塑造成令人惊恐的梦魇或恶贯满盈的异教徒，要么被性客体化，来更加迎合厌女文化。

和美杜莎一样，西方民间传说中最早出现的“女巫”与非人类世界或者自然界联系紧密。文学作品中的第一个女巫是荷马史诗《奥德赛》（公元前8世纪）中的女巫瑟茜。她自在地生活在一个与世隔绝的小岛上，与岛上的野兽和谐相处，并成为一名植物医学专家（这两个特点都在后来民间传说中的女巫身上保留了下来，并饱受诟病）。奥德修斯①从特洛伊战场返家的途中经过这里，留在岛上和瑟茜待了整整一年，并在她的帮助下成为第一个去过冥界的凡人。

① 奥德修斯是古希腊神话中的英雄，对应罗马神话中的尤利西斯，是希腊西部伊塔卡岛国王、史诗《奥德赛》的主角，曾参加特洛伊战争，献计攻克了顽抗十年的特洛伊。战争结束后，他在海上漂流十年，部下死伤殆尽，经历无数艰难险阻，终于返回故乡与妻儿团聚。——译者注

瑟茜和她的母亲赫卡忒都与死亡有关——赫卡忒是魔法、巫术和分娩的最高女神，她至少和赫西奥德的《神学起源》（*Theogeny*）（可能是与荷马史诗同一时期写成的）一样古老。[35]但是，就像美杜莎一样，瑟茜和赫卡忒在文化中都已沦为邪恶和恐怖的永恒象征。赫卡忒的形象被雕刻在雄伟的宙斯祭坛①（公元前2世纪）上，她是和女神阿耳忒弥斯同级别的仁慈女神，受到所有异教神灵的敬仰，在宗教雕像中，她也是一位不朽的三相女神。但是到了文艺复兴时期，马尔西利奥·菲奇诺将这位女神称为“怪物”，在后来的绘画和文学作品，比如18世纪托马斯·米德尔顿的戏剧《女巫》（*The Witch*），更是将赫卡忒描绘成一个丑陋的巫婆。

瑟茜的形象也变成了一个会让男人丧失理智的妖妇。到了文艺复兴时期，她的名字已经与“妓女”同义，再到19世纪，她（像莉莉丝一样）又成为主张性爱自由的“现代女性”的代名词，扬言要颠覆女性的“家中天使”形象，将她们从异性恋和父权制的“伊甸园”中解救出来。赫卡忒和瑟茜的影响在当代文化中依然存在：蛇蝎美人瑟茜是当今角色扮演、奇幻史诗和万圣节情色作品中性感女巫原型的鼻祖，还成为电子游戏文化中性感的反派角色。而巫婆赫卡忒则以扫把、“魔宠”、散乱长发、鹰钩鼻、松垂的脸和身体等元素为标志，成为公认的食婴女巫。

人类学家普遍认为，女巫的形象其实是一种让人们（主要是女性）遵守预期社会规范的手段，伴随着父权制度对之前的母系制度的压制，全球各地各个时期都存在着大量的女巫。如

---

① 宙斯祭坛，又称帕加马祭坛，建于公元前180—前160年，这个祭坛是希腊古代建筑艺术典范之一，由国王欧迈尼斯二世兴建，用以纪念对高卢人作战的胜利，因其规模宏大和艺术水平之高而被称为古代世界七大奇迹之一。——译者注

今，每一种文化下仍然有其独有的“女巫”，从为自己主张权利的公众人物到那些因被质疑使用巫术而被迫害和处决的女性，不一而足。1944年，也就是《巫术法案》(*Witchcraft Act*) 被废除的6年前，海伦·邓肯成为英国最后一位因巫术指控而获罪并被监禁的女性，她的“罪行”至今尚未被免除。而在印度，仅在2000年至2012年期间，农村地区就有2000多名女性因被指控使用巫术而惨遭杀害。[36]

14世纪到17世纪是欧洲近代早期的女巫审判阶段，这一时期人们的女巫思想最为根深蒂固，对女巫迫害也最严重。学术界对这一时期被处决人数的估算存在很大差异，从1万人到600万人不等，关于女巫的激烈学术争论至今仍在继续，矛头直指公开发表的女权主义读物。绝大多数被迫害的都是女性，其中年纪最小的只有8岁。[37]格特鲁德·斯文森就是其中之一，她被指控为恶魔，犯偷盗儿童罪，并于1669年在瑞典阿尔夫达伦被烧死在火刑柱上。

1486年在德国首次出版的《女巫之槌》(*Malleus Maleficarum*) 是一本极具影响力的关于巫术的专著，书中木刻插图里的老巫婆更是女巫的经典原型。该著作由天主教牧师海因里希·克雷默撰写，在近两个世纪的时间里，它在欧洲的销量超过了除《圣经》以外的所有书籍，并在猎巫运动时期成为欧洲各地法庭审判的主要依据，比如“当一个女人独自思考时，她必定是在想邪恶的事情”，并且暗示女巫能够让男人相信他们失去了阴茎。(在这一点上，我们很容易发现人们对女怪物的阉割能力有着相同的恐惧。)

《女巫之槌》的主要针对目标是老年女性、独立女性和有主见的女性，它对助产士尤其抱有敌意，谴责她们是对教会最具威胁的危险人群。助产士的工作是缓解女性在生产过程中的痛苦，但有些人认为女性在分娩中经受痛苦是上帝的神谕——夏娃在伊甸园所犯罪孽的惩罚，因此他们将助产士视为破坏神谕的人。此外，还有人认为助产士是“自然母亲”的随从，能够用她的黑暗魔法操纵自然和生育的原始奥秘。《女巫之槌》指出，助产士可能会把新生儿的灵魂直接送到魔鬼那里，是完全不值得信赖的。

德国艺术家汉斯·巴尔东·格里恩是深受《女巫之槌》影响的众多艺术家之一，他创作了一系列深入人心的女巫画像，都是“有品位”的欧洲男性精英争相收藏的珍品。他于1510年创作的木刻版画《女巫的安息日》(*Witches Sabbath*)就是其中之一：画面里的女人们全身赤裸，身体粗糙，乳房干瘪，皮肤充满褶皱，她们有的叉开双腿四处嬉戏，有的在打磨器具，还有的在享用死婴。一位年轻的女巫倒骑在山羊背上，羞怯地看向观众，一根长长的手杖巧妙地放在她的双腿之间。对于精英男性收藏者来说，这些版画为他们提供了一种色情诱惑力和道德厌恶感相互交织的体验。尽管他们能够以一种文化认可的方式欣赏维纳斯的身体，在获得窥视裸女身体带来的快感的同时又免受批判(因为古典神话意味着高雅文明)，但在教会道德的约束下，带有性暗示的女巫形象也能带给他们同样的刺激。

巴尔东在他的画作中也创作了许多令人憎恶的女巫形象。在一幅名为《女人与死亡的时代》(*The Ages of Woman and Death*)的画作中，两个女人并肩站在一片贫瘠的土地上，看起来就如同彼此的倒影一般。其中一位年轻可爱女子摆出类似“羞怯的维纳斯”的迷人姿势，而另一位象征着未来自己的年长女人则把一

汉斯·巴尔东·格里恩,《女巫的安息日》, 1510年，纽约大都会艺术博物馆收藏。菲力克斯·M.沃伯格及其家人赠送，1941年。

只手臂搭在她的肩膀上，拉着年轻女子的长袍，想要遮住她的私处。一具枯朽的骷髅挽住了老妇人的手臂，手里拿着一个沙漏，沙漏里逐渐流逝的沙子暗示着死亡的即将来临。这幅画通过美女和老妇的组合宣扬了一个明确的观点：无论外表多么可爱的女人都是披着维纳斯外衣的巫婆，随着时间的流逝终究会露出真实面目。

还有一个常见的暗喻，在基督教传道士中广为流传，就是将女性的身体比作被污染的花瓶或容器，这也解释了为什么德语单词“vas”①会有“子宫”之意。在巴尔东的版画中，有大量看起来有毒的罐子和容器，象征着女巫（以及所有女性）污秽的内在。如果说圣母玛利亚是封闭的喷泉，是圣洁的容器，那么这些女巫形象就是她的对立面。

尽管在这一时期，所有年纪的女性都可能被污蔑为巫婆，但尤以老年妇女为主。曾几何时，年长女性代表着人生的智慧和丰富的经验，为她们所在的群体贡献了宝贵的学识，但到了16世纪，她们开始散发出死亡的气息，被剥夺了所有属性，为整个社会所排斥。社会学家西尔维娅·费德里西认为：“猎巫运动颠覆了老年妇女的形象，使这些传统意义上睿智的女人变成了不育和敌对的象征。”[38]

时间对女性身体的消耗方式与男性衰老的方式不同，象征着死亡和不育的老巫婆形象更是强调了女性身体在生育年龄的宝贵和美丽。而且，女性的衰老通常意味着知识和信心的累积（如果她们享有特权，也意味着经济和社会地位的提升），因此也不为人们所喜。

---

① 英文中花瓶的拼写是vase，和vas形似。——译者注

实际上，作为女性特质的反面教材，女巫代表着人类刻意回避的现实——人们终将衰老。人们将衰老形容得既可怕又可悲，如果女性表现得不同于女巫，就可以避免死亡。她成为维纳斯形象的陪衬，这也解释了为什么我们会崇拜画像里的女性，却将现实生活中的她们妖魔化。我们之所以认为女巫可怕，是因为在我们的认知中，一个女人最糟糕的命运就是变得又老又丑。也就是说，女巫早已被人们塑造成离经叛道、糜烂不堪的女性形象，但是如果我们能夺回其控制权，就可以利用她来切断所有扼杀女性的绞索。

在20世纪60年代末和70年代初，美国和欧洲的妇女解放组织就利用人们对女巫的压迫来抨击父权制与资本主义的社会结构，认为这种社会结构是女性遭受压迫的根本原因。她们的核心观点是：公共土地和资源的私有化与将女性污蔑为女巫对其进行大规模迫害，二者之间有着莫大的关联。（今天，生态女性主义者仍然认为，人们对全球资源的占有程度取决于他们对女性身体的迫害程度。）

西尔维娅·费德里西是这些生态女性主义者中的一员，她认为，资本主义社会的发展需要将物质生产和人类生育区分开来。也就是说，社会中的一些人需要去工作，来赚取工资并生产和销售商品，而另一些人则需要留在家里生儿育女。后者不仅要承担身为母亲的重要职责，养育下一代来回馈资本主义机器，而且还要照顾劳动力的基本生活，为他们洗衣、做饭和做家务。费德里西这样的思想家认为，父权社会为了能够控制女性为他们生儿育女、洗衣做饭，从一开始就将违背这一角色的女性边缘化，然后再将其根除。她写道，为了资本主义的繁荣，“异端者、治愈者、不顺从的妻子、敢于独立生活的女人”必须被征服和接受惩罚。

正是基于这些观点，我们才能够发现女性在家庭中的家务劳动和情感劳动与迫害女巫的传统行为之间所存在的隐秘关联。费德里西是第二波女权主义运动“为家务劳动发工资”的组织者之一，这项运动抗议资本主义哄骗女性，让她们相信家务劳动是身为女性的天然职责。20世纪70年代，她们喊出了铿锵顿挫的游行口号：“颤抖吧，颤抖吧，女巫们回来了！”

受“为家务劳动发工资”运动口号的启发，杰西·琼斯创作了多媒体融合艺术装置《颤抖吧，颤抖吧》（*Tremble Tremble*），旨在将关于生育和社会控制、巫术和压迫女性的历史真相带入运动。这部作品于2017年在威尼斯双年展的爱尔兰展厅首次展出，它利用女巫身上女性的破坏力量建立了一个强大的反神话体系。

在装置的中心位置有两个20英尺（6.096米）高的大屏幕，上面循环播放着关于一个恐怖女人的电影，她披散着满头白发，表情丰富的脸上尽是岁月的褶皱。在黑暗的审判室里，她的身上散发出诡异的亮光，她四处游荡，掀翻了所有桌椅。她的脸会不时凑近屏幕，迫使观众看清楚她的可怖样貌。看着这个出现在头顶上方的巨型干瘪老太婆，人们不禁回忆起凯尔特民间传说中被遗忘的神灵。她还唤醒了我们原始记忆中的第一个身体——我们伟大的生母，所有婴儿在生命的初期都依赖于她的仁慈和照顾。

荧幕的镜头一度聚焦在她的嘴巴上，但随即一转，就好像弗洛伊德式的恶作剧一般，又变成了一个会说话的齿状阴道，其中陈述着坦普瑞·劳埃德的证词。坦普瑞·劳埃德在1682

年因使用巫术而受到审判，并被烧死在火刑柱上。这位老太婆还背诵了（虚构的）母系社会的法律条文“在巨大的子宫中”。对琼斯来说，这一法律是对父权统治的抵制，它将生育自主权归还给了女性，让她们自主决定哪些生命可以在自己的身体里存活，哪些不能，这也许是古代创造和毁灭女神美杜莎的精髓。《颤抖吧，颤抖吧》深受堕胎合法运动思潮的影响，随后于2018年在爱尔兰展出，用来抵制当时将堕胎定为犯罪的第八修正案。这位巨人老太婆还倒背《女巫之槌》中的段落，似乎倒过来背诵它就能扭转其中对女性厌恶和诋毁的表述，也正是这些表述，让人们对女性产生了深深的憎恶。

在这台装置的前景中，两根巨大的骨头在屏幕的照射下反射出惨白的亮光。这些骨头代表着“露西”的骨头，“露西”是我们已知的最早的双足动物祖先，300万年前曾出现在非洲大陆上。它们静静地躺在灯光之下，代表着从时间的沉淀中提取出来的历史真相，以及隐藏在历史深渊之中的女性谱系，也诉说着关于她们身体的被抹杀、被抑制或被取代的故事。

《颤抖吧，颤抖吧》是为女性生育胁迫和社会压迫的历史真相而颤抖，尽管我们的故事尚未写就、前途未卜，尽管我们要以全新的方式去看待自己以及被我们忽略的漫长历史，尽管此时我们也会像站在悬崖顶端摇摇欲坠时一样心生恐惧，但这部作品势必会成为某种解放的良好开端。

当女性愿意舍弃蛇蝎美人的性感外表，将怪物或女巫当作真实的自我时，她们可能就迈出了通往独立自主生活的第一步。在这样的生活里，我们摆脱了对维纳斯完美外表的痴迷，完全享受身为母亲的复杂满足感。它也为我们树立了另一个典范，一个脱离了性爱和虐待的压迫，不再脆弱、顺从的少女，一个充分享受自我满足的女性。卡拉·沃克和杰西·琼斯的大量作品向我们展示了将怪物与被压迫的女性联系起来的重要性，告诉我们该如何将自身的力量与女性的集体历史相结合，来探索我们认为的“真实”或标准的图像和历史背后真正的起源。

最重要的是，这些怪物为我们提供了一种新的观察方式，因为她们敢于直视并打断男性的凝视。她们推翻了夏洛特夫人死于偷窥和欲望的谎言，并让我们重新审视那些诓骗我们的神话和艺术作品——它们曾让我们确信，乐于观察世界的女人是怪物，而这样做的男人却是艺术家。

直到现在，人们仍然认为，女人要想在艺术上取得出类拔萃的成就，就必须变成一个怪物——或者用女性作家中流行的一个词来说，就是“怪物艺术家”[这个词因珍妮·奥菲尔2014年发表的小说《投机部门》(*Dept. of Speculation*)而广为人知]。从事写作或艺术创作的女性往往被人们视为可怕的异类，因为她们需要打破社会规范，拒绝人们期望女性承担的大量的清洁、护理、养育和烹饪的工作。她们需要脱下蛇蝎美人的美丽外衣，露出顽固不化的怪物的可憎面目，才能摆脱家庭佣工的身份。

克里斯·克劳斯在她1997年出版的小说《我爱迪克》(*I Love Dick*)中，为“女怪物”做出了另一个更早版本的示范。故事围绕着一位叙述者的信件展开。女主人公是一位人近中年的女艺术家，陷入对一位名叫迪克的文化评论家和学者的情欲迷恋，难以自拔。迪克代表着成功阶层的巅峰状态，当然，对于白人男性来说，爬升到这种状态也不是什么难事。女主人公克里斯在许多方面与女怪物的特征完全吻合。她已近中年且膝下无子，她对自己的欲望高谈阔论、毫不避讳，突破了社会礼教和个人隐私的底线。被迪克拒绝后，她敢于直面人们对"过了全盛时期"的中年女性的一贯嘲笑，并未因此而沮丧，反而把它当成一种动力。她勇于表达自己的感情，将其政治化，并拒绝自我审视。有一次，克里斯向朋友坦言，她渴望成为一名"女怪物"，就像艺术家汉娜·威尔克（我们在"维纳斯"一章中提到过她的作品《走进维纳斯》）一样："女怪物能从自身角度看清事物的本质。她们研究事实……问题一旦形成，就是一个范式，包含了它的内在真理。"

这句话和斯芬克斯以及她致命的谜语多少有些相似之处，研究事实也让我想起，女性获得知识向来是一种禁忌。不过我认为，克里斯在这里想要表达的最关键的意思是：女怪物为我们提供了新的观察方式，一种不仅仅是男性和女性互换视角的方式。

这些女怪物让我们看到，我们完全有能力和自由兼顾多个身份。它们鼓励我们变得不墨守成规，不被轻易归类或控制，摆脱种族主义、父权资本主义为女性设定的角色和规范。鉴于此，我们现在应该做的，是开始远离这些固有的原型——而不是期待建立一种看待女性和艺术的新方式，让她们看起来是完美的，满足所有人的幻想。

Epilogue

结语

在我2020年撰写这本著作期间，我被两个孩子牢牢地拴在家中，我身体里的怪物开始变得焦躁不安。当我抗议自己需要搬去书房里写作时，我能感觉到，我眼中闪烁的怒火着实吓到了孩子们。

但是女人必须写作。正如女权主义哲学家埃莱娜·西苏所说，她们必须“书写女性，并让女性参与写作”。欧洲哲学一贯不以坦率、简洁或实用而著称，但在西苏1975年的文章《美杜莎的笑声》(*Laugh of the Medusa*)中，这位法国哲学家将她的真情实感表露无遗。她坦率而强烈地表达了自己的愿望：“让女性觉醒，理解她们在历史中的意义。”西苏鼓励女性要直视美杜莎。她告诉女性不要再听那些创造历史的男人的鬼话，如果她们能做到这一点——如果女性能够真正了解自己、清楚自己的梦想和快乐，如果她们能够重视自己的身体和语言的独特性——那么其他人也会重视她们。

这也是我写这本书的目的之一：我希望能够通过介绍画框中的女性，描述这些将女性复杂经历简化了的典型意象及其错综复杂的历史渊源，为历史长河中的女性赋予另外的意义，让她们超越西方文化中固有的母亲、少女和怪物角色，或是拒绝追求难以企及的完美维纳斯形象。

因此，女性非但要写作，还必须创作艺术，毕竟它所承载的复杂信息是仅凭语言无法涵盖的。正如我们在这本书中所看到的那些简单的例子，艺术可以成为一种行动主义的形式，一种增强自我意识的方式，一种批判的手段。它有时也关乎快乐和赋权，让我们知道身为女性并没有一成不变的行为模式，不需要脚本，也没有模板。

女性自古以来就被剥夺了表达自己经历的工具，只能存在于男性凝视的静止框架之中，人们打着保护她们的幌子，将她们隔绝在专业艺术培训之外，让她们不能欣赏裸体，也无法自我表达。从事学术性和创造性劳动的女性通常会被人们当作坏母亲、不孕者，甚至精神病患者。（例如，弗吉尼亚·伍尔夫在抑郁症发作时，就被残忍地夺去了纸笔。）剥夺女性表达自身复杂经历或叙述其历史真相的工具是一种控制手段，如果她们拒绝服从的话，那么这也可以成为一种排斥她们的方式。

出于这个原因，以女性自己的方式描述她们的经历必须进入主流文化，这样我们才能拥有对自己身份的模型与故事进行评估和塑造的权利。

正如我在书中所述，我们对画框中的女性的评价反映了我们对现实中女性身体的态度，我们会评论她们的生育权、性暴力和美丑，会分析我们所看到的人物身份以及她们是否“有益”和“有价值”。但同样重要的是，我们要记住，并非所有的女性艺术作品都是，或者必须是关于“女性问题”或女性所遭受的压迫的。只不过，她们所创作的关于这些主题的作品都被隐藏和边缘化了而已。以罗莎·邦赫尔为例，她是19世纪法国的艺术巨匠，以描绘栩栩如生、强健有力的马而闻名。为了参观理想的绘画场景——牲畜市场、屠宰场，去更好地观察动物解剖——她必须在当地警察的特别许可下，穿上裤子打扮成男人，才能走进大门。

客观地说，随着曾被尘封在档案室里的女性艺术家和有色人种艺术家的作品重现于世，并通过众多展览和出版活动被人们看见，艺术界纠正性别和种族不平等的势头正在逐步上升。2017年，布鲁克林艺术博物馆举办了一场第二波女权运动中有色人种女性艺术作品的展览，这是一次具有里程碑意义的创举。在本书撰写期间，伦敦的主要机构正在举办三场有色人种女性的个展；著名的考陶尔德艺术学院首次刊登广告招聘一名黑人艺术史教授；一位有色人种女性将代表英国和美国参加下一届威尼斯双年展——世界上最重要的国际艺术博览会。

马德里的普拉多美术馆和佛罗伦萨的乌菲兹美术馆等国际历史艺术收藏馆目前也都在定期举办女性艺术家的个展，伦敦国家美术馆也首次举办了女性艺术家（阿特米西亚·真蒂莱斯基）的作品回顾展。毋庸置疑，这些姗姗来迟的展览非常成功，但杰克·莎伊恩曼画廊的总监乔奥娜·贝洛拉多-塞缪尔斯却认为，如果我们想要女性的身体、成就和贡献被更加公正地看待，这只是必要的制度转型的第一步。在一场关于如何正确提升女性工作价值和女性艺术家的职业发展的讨论中，她表示："展厅里的女性身体画像既不会改变我们认知中的历史结构和影响，也不会动摇我们一贯认为一些事物重要和有价值的想法，甚至不会影响我们看待它们的方式。"[39]

这些宣称要恢复"过去的女性艺术大师"的展览很

可能会成为新奇和神秘的风潮而昙花一现，永远无法让我们超越“先驱”，博物馆和美术馆墙上的那些固定展出的作品依然会持续地给女性及其文化创作带来伤害。此外，我们也要意识到，举办有色人种艺术家展览不能只是做做样子，而是应该呼吁人们去关注艺术机构和藏品中存在的持续的、广泛的去殖民化问题，并重新思考我们该以何种方式从她们身上学到东西。

于我个人而言，重要的是，艺术作品和博物馆应该鼓励人们以看待艺术史上杰出男性的相同标准来理解女性艺术家，而不是带着“这里也有些零星的、伟大的女性艺术家”的暗示，将她们视为有着特殊兴趣的少数群体，或急于证明女性是可以和男性一样创作出伟大画作和雕塑的艺术家。女性艺术家也不应被视作稀有的外来物种，在画廊中只可使用指定空间（以防她们破坏其他收藏品的完整性)。她们不应该被商品化，专门展出给女性和那些对女权主义感兴趣的人来观赏。

我们的进步不应建立在对伤害了当代女权主义情感的历史艺术作品的审查上，而是应该通过质疑它们，来重新审视那些塑造了我们对权力、性别和种族的认知的故事。我们需要找到更加合理地探讨和评判艺术的方式，尽量减少它的争议性和煽动性。在我们目前关于客体化、色情和强奸文化、去殖民化、凝视的主体和客体以及艺术特权等问题的激烈争论下，在致力于摆脱这些典型意象的迷惑和困扰的过程中，希望这本书能够帮助读者见微知著，认识到这些问题的复杂性。艺术和文化可以为我们提供更多认知方式，来看待这个世界复杂的个体、社会和政治现实，而且，来自不同群体的艺术作品势必会帮助我们将它们看得更加清楚。

Acknowledgements

致谢

这本书撰写于我在获得博士学位后的一段迷茫期，当时我根本不确定带着一个新生儿和一个年幼的孩子的母亲该如何成为一名艺术史学家。我迫使自己做出改变，通过各种官方或非官方的途径，我找到了一些愿意聆听我对艺术中的女性和女性艺术家看法的观众。达利奇画廊邀请我策划了一场以“女性生活造就艺术”为主题的晚间讲座，伦敦苏富比艺术学院为我提供了开设女性主义艺术史课程的空间和自由，在这门课程中，本书中的许多观点都得到了实地检验。我很感激他们给了我形成个人观点的平台。

我需要感谢的人很多，正是在他们的鼎力支持下，这本书才得以顺利完成和出版。我首先要感谢艾德·格里菲思，为了帮助我获得出版商认可和支持，他付出了大量的时间帮我联系出版商，并通过我在约翰逊&阿尔科克公司的经纪人贝基·托马斯让他们大致了解了我的项目。从我们在喀里多尼亚路一家狭小的咖啡馆里第一次见面开始，我就爱上了热情奔放、活力四射的Icon Books出版社。我要特别感谢基拉·贾米森，她既是一位善解人意、细致周到的编辑，又是一位与我志同道合的思想家，还要感谢西娅·荷西和玛丽·多尔蒂，感谢她们出色的编辑和制作能力。我要感谢W.W.诺顿出版社的艾米·切丽，在她对文本细致入微的编辑下，本书得以在美国出版。我还要感谢克莱尔·波特和伊泽贝尔·威尔金森，与她们的早期谈话为本书的观点奠定了思想基础。

在学术上，这本书得益于我早在21世纪初读本科时接触到的英国女权主义艺术史学家的作品，特别是塔玛·加布、格里塞尔达·波洛克和琳达·尼德教授。她们的作品不仅给了我看待和思考绘画世界的新方式（其中许多在本书中所引用），而且还让我目睹了女性在思想领域做出的成就，帮助我在年少时就构建了一个蓝图，立志要成为一名有发言权的女性，去做女性应该做的事情。

最后，我永远感激我的母亲，感谢她一直以来对我的信任。

Note

注释

1 截至2020年11月。

2 根据2019年9月艺术网新闻和艺术咨询机构“In Other Words”开展的联合调查：https://news.artnet.com/womens-place-in-the-art-world/visualizing-the-numbers-seeinfographics-1654084。

3 “Old Mistresses”也是罗兹西卡 · 帕克（Rozsika Parker）和格里塞尔达 · 波洛克对女性主义艺术史的开创性研究《老情妇：女性、艺术和意识形态》（*Old Mistresses: Women, Art and Ideology*）的主题，该书于1981年由潘多拉出版社（Pandora Press）首次出版，本书中的许多观点都源于此书。

4 在1820年9月18日的一封信中，莫里特给他的朋友沃尔特 · 司各特写道：“整个上午都在整理我的画，把它们挂在新的位置，以便腾出更多的空间来放置这幅委拉斯凯兹对维纳斯背部的精美画像，最后我决定把它挂在书房的壁炉上方。这里的光线极好，能够完美地展现这幅画，同时将维纳斯的臀、背部抬到这个高度，女士们感到羞怯的话可以轻松地避开视线，鉴赏家们也可以随时偷瞄维纳斯的臀部，而不会被同伴们挡住。”Ed. George Eden Marindin, *The Letters of John B. S. Morritt of Rokeby: Descriptive of Journeys in Europe and Asia Minor in the Years 1794-1796* (Cambridge: Cambridge University Press, 2011).

5 理查森手写声明的传真件，转载于ed. Midge Mackenzie, *Shoulder to Shoulder: A Documentary* (New York: Vintage Books, 1988), p. 261。详细讨论请见Part II of Lynda Nead, *The Female Nude: Art, Obscenity, Sexuality* (London & New York: Routledge, 1992)。尼德对女性裸体的开创性研究，以及她关于玛丽 · 理查森对委拉斯凯兹画作的破坏行为的评论，为本章奠定了基础。

6 具体讲解视频请参考 The National Gallery's “The Rokeby Venus: Velázquez's only surviving nude”, YouTube, 4 May 2018, https://www.youtube.com/watch?v=bGNAPjNTbCs。

7 2019年以前，英国的一些通俗小报会在第三版面上刊登模特的半裸照片吸引读者。在2014年至2019年期间，因“取消第三版”运动的施压，很多出版物终止了这一做法。

8 参见Historia Naturalis, discussed by Paola Tinagli in *Women in Italian Renaissance Art: Gender, Representation, Identity* (Manchester: Manchester University Press, 1997), p. 132.

9 她也被称为萨拉 · 巴尔特曼。到底应该用她名字的缩写萨尔特杰（Saartjie）还是用她在英国受洗时的名字萨拉（Sara），人们在这一点上有所争议。更多详情请参考：http://www.saartjiebaartmancentre.org.za/about-us/saartjie-baartmans-story/。

10 Jon Simpson, “Finding Brand Success in the Digital World”, *Forbes*, 25 August 2017, https://www.forbes.com/sites/forbesagencycouncil/2017/08/25/finding-brand-success-in-the-digital-world.

11 A. Rochaun Meadows-Fernandez, “That viral Gap ad sends a powerful message about breast-feeding and black motherhood”, Washington Post, 1 March 2018, https://www.washingtonpost.com/news/parenting/wp/2018/03/01/that-viral-gap-ad-sends-a-powerfulmessage-about-breast-feeding-and-black-motherhood/.

12 该抗议活动首次爆发于2013年，起因是2012年杀害黑人少年特雷沃恩 · 马丁的警察被无罪释放。

13 2020年6月15日，这幅名为“类似色彩”的作品登上了《时代》杂志的封面。

14 有关黑人女权主义对黑人母亲的描绘和碧昂丝形象的精彩讨论，参见 Ellen McLarney, “Beyoncé's Soft Power: Poetics and Politics of an Afro-Diasporic Aesthetics”, Camera Obscura (2019), 34:2, pp. 1-39。

15 Patricia Hill Collins, *Black Feminist Thought: Knowledge, Consciousness and the Politics of Empowerment* (Abingdon: Routledge, 2000, 2009). Barbara Christian, *Black Feminist Criticism: Perspectives on Black Women Writers* (Amsterdam: Elsevier, 1985).

16 https://www.cdc.gov/reproductivehealth/maternalinfanthealth/pregnancy-

relatedmortality.htm. 有关英国的数据，参见 *Gemma McKenzie*, “MBRRACE and the disproportionate number of BAME deaths: Whyis this happening and how can we tackle it?”, AIMS *Journal* (2019),31:2。

17 Joe Pinsker, “How Marketers Talk About Motherhood Behind Closed Doors”, *The Atlantic*, 10 October 2018, https://www.theatlantic.com/family/archive/2018/10/marketing-conference-moms/572515/.

18 Nils-Gerrit Wunsch, “Baby care market In Europe-Statistics & Facts”, Statista, 20 May 2019, https://www.statista.com/topics/3735/baby-care-market-in-europe/.

19 “Matrescence” at Richard Saltoun Gallery London, November 2019.

20 Irene Cieraad, “Rocking the Cradle of Dutch Domesticity: A Radical Reinterpretation of Seventeenth-Century ‘Homescapes’ ”, *Home Cultures* (2018), 15:1, pp. 73-102.

21 Jenna Peffley, 2018, “Exactly How to Get Denise Vasi's Striking Old-World Decor Style at Home”, MyDomaine, https://www.mydomaine.com/denise-vasi-home.

22 Gus Wezerek and Kristen R. Ghodsee, “Women's Unpaid Labor is Worth $10,900,000,000,000”, *The New York Times*, 5 March 2020;文章中有关性别薪酬差距的统计数据引自*PayScale Gender Pay Gap Report 2020*, https://www.payscale.com/data/gender-pay-gap。

23 由青年妇女信托基金会（Young Women's Trust）根据国家统计局的数据计算得出。

24 “还有另一种卑微到鲜为人知的天使，没有她，人类的任何艺术和努力都无法再多继续哪怕一天——她是‘不可或缺的天使’，是弗吉尼亚·伍尔夫（以及大多数仍处于特权阶层的女作家）不必与之抗衡的人——这位天使必须承担起维系日常生活和人生的责任。”

25 关于这幅画的更多细节和本书的讨论基础，请参见Linda Nochlin, “Morisot's Wet Nurse: The Construction of Work and Leisure in Impressionist Painting” first published in *Women, Art and Power and Other Essays* (New York: Routledge, 1988)。

26 引文摘自2020年4月通过电子邮件对艺术家的采访文章。

27 奥维德在他的《英雄和阿马托里亚》(the Heroides and the Ars Amatoria) 中提到了安德洛美达的黑皮肤。有关细节讨论，请参见Elizabeth McGrath, “The Black Andromeda”, *Journal of the Warburg and Courtauld Institutes*, Vol. 55 (1992), pp. 1-18。

28 Barbara Johnson, “Muteness Envy” in *Human, All Too Human*, ed. Diana Fuss (New

York: Routledge, 1995).

29 克莉丝汀 · 科雷蒂对美杜莎的研究是本章所探讨的美杜莎早期崇拜和象征意义的重要资源，参见Christine Corretti, *Cellini's* Perseus and Medusa *and the Loggia dei Lanzi* (Leiden: Brill, 2015)。关于蛇、月亮和再生的讨论，见第6页。

30 关于美杜莎作为亚马孙女祭司的身份，克里斯汀 · 科雷蒂参考了Marguerite Rigoglioso's *The Cult of Divine Birth in Ancient Greece* (New York: Palgrave Macmillan, 2009)。亚马逊人居住在两个特定的地区。根据公元前1世纪的作家狄奥多鲁斯等人的史料记载，最早的亚马逊人起源于北非。最近的考古发掘在黑海周围的草原（今天的乌克兰、俄罗斯南部和哈萨克斯坦西部）发现了该女战士部落较晚时期的遗迹。

31 Marsilio Ficino, *Commentary on Plato's Symposium on Love*, trans. Sears Jayne (Dallas: Spring Publications, 1985), p. 161.

32 Miriam Dexter Robbins, "The Ferocious and the Erotic: 'Beautiful' Medusa and the Neolithic Bird and Snake", *Journal of Feminist Studies in Religion* (Spring 2010), 26:1, Special Introduction from the Religion and Politics Editor, pp. 25-41.

33 参见Aviva Cantor Zuckoff, "The Lilith Question", Lilith, Fall 1976。

34 特别是女权主义神学家朱迪思 · 普拉斯科，参见*The Coming of Lilith, Essays on Feminism, Judaism, and Sexual Ethics*, 1972-2003, ed. with Donna Berman (Boston: Beacon, 2005)。

35 参见 Ralph M. Rosen, "Homer and Hesiod" in *A New Companion to Homer*, ed. Ian Morris and Barry Powell (New York: Brill, 1997), pp. 463-88。

36 该犯罪记录由印度报刊《Mint》收集,《华盛顿邮报》2014年7月21日报道原载。

37 在芝加哥的《晚宴》和其他一些记载中，她的名字是格特鲁德 · 斯文森，在有些地方也叫格特鲁德 · 斯文斯。

38 Silvia Federici, *Caliban and the Witch: Women, the Body and Primitive Accumulation* (Brooklyn: Autonomedia, 2004), p. 193.

39 贝洛拉多-塞缪尔斯与夏洛特 · 伯恩斯、朱莉娅 · 霍尔珀林和威廉 · 格茨曼在播客"In Other Words"上共同讨论文章："Women's Place in the Art World: Why Recent Advancements for Female Artists Are Largely an Illusion" on the podcast *In Other Words*, No. 66, 3 October 2019, https://www.sothebys.com/en/articles/transcript-66-why-gender-progress-is-a-myth。

图书在版编目（CIP）数据

画框中的女性 / (英) 凯瑟琳 · 麦科马克著 ; 宋清涛译. -- 北京 : 中央编译出版社, 2024.3

书名原文: Women in the Picture

ISBN 978-7-5117-4445-6

Ⅰ. ①画… Ⅱ. ①凯… ②宋… Ⅲ. ①女性－艺术家－概况－世界 Ⅳ.①K815.7

中国国家版本馆CIP数据核字(2023)第103161号

著作权合同登记号: 图字: 01-2023-2417

画框中的女性　HUAKUANG ZHONG DE NÜXING

总 策 划　李　娟
责任编辑　翟　桐
执行策划　邓佩佩
装帧设计　潘振宇
责任印制　李　颖
营销编辑　都有容
出版发行　中央编译出版社
网　　址　www.cctpcm.com
地　　址　北京市海淀区北四环西路 69 号（100080）
电　　话　（010）55627391（总编室）　（010）55627302（编辑室）
（010）55627320（发行部）　（010）55627377（新技术部）
经　　销　全国新华书店
印　　刷　北京盛通印刷股份有限公司
开　　本　880 毫米×1230 毫米 1/32
字　　数　178 千字
印　　张　6.625
版　　次　2024 年 3 月第 1 版
印　　次　2024 年 3 月第 1 次印刷
定　　价　56.00 元

新浪微博: @ 中央编译出版社　微信: 中央编译出版社（ID: cctphome）
淘宝店铺: 中央编译出版社直销店（http://shop108367160.taobao.com）（010）55627331

本社常年法律顾问: 北京市吴栾赵阎律师事务所律师　闫军　梁勤
凡有印装质量问题, 本社负责调换, 电话: （010）55627320

人啊，认识你自己！